學習就是要
有計畫！

美國SAT榜首的考試、記憶、動機訓練法

吳宗翰——著

吳宗翰 Dr. John 醫學博士

皮膚醫學及生化科技研究先驅。具有美國加州醫師執照，擁有美國醫學美容醫學會認證專家文憑，為美國太平洋皮膚專科醫學會會員。畢業於美國長春藤布朗醫學院（Brown University Medical School）。畢業後曾任UCLA醫學中心住院醫師，曾是紐約極負聲譽的Ackerman Academy皮膚病理學術研究的研究員，近年來積極研究高效滲透科技、幹細包、燈塔水母細包轉分化等，其研究成功解決了長期以來嚴重黑斑，皺紋，鬆弛，及被雷射破壞後的困擾。

十歲那年移民美國，從完全不懂英文到兩年後成為全班第一名，小學、國中及高中皆為第一名畢業。通過ACE跳級測驗，獲得從國中直升大學的資格。美國SAT大學入學考試拿到全加州最高分。

從小立志從醫，小學畢業那年便立定志向六年後要進哈佛大學，且索取入學申請書，開始自己的六年生涯規畫，以哈佛想要錄取的「全才」為目標，除了保持在校的頂尖成績外，在音樂、美術、體育、社團活動、社會參與等各方面也十分努力耕耘。最後選擇了錄取率比普通哈佛大學更難十倍的美國長春藤布朗醫學院直升方案。

大學時曾赴日本慶應大學交換學生一年，自修研習日文，融會貫通學好語言的技巧及方法，精通多種語言（中文、英文、日文、西班牙文、台語），並鑽研程式語言等多種技術，目前Dr. John 在替自創的NAIMION品牌研發頂尖高效美白及抗皺保養品，同時也在研發創新的人工智慧醫療軟體。

Dr. John在台灣演藝圈及美國華人圈極負盛名，曾在多數台灣知名主持人所主持的二十多個節目中擔任特別來賓。許多台灣知名媒體如TVBS、東森新聞、民視新聞等節目，也曾獨家專訪他在皮膚醫學與醫學美容方面跨時代的突破。

學習生涯表現輝煌：

- 十歲移民美國，從完全不懂英文到兩年後成為全班第一名，小學、國中及高中皆為第一名畢業。
- 通過ACE跳級測驗，獲得從國中直升大學的資格。
- 美國SAT大學入學考試拿到全加州最高分。
- 以〇．四%的錄取率，進入比哈佛大學更難十倍的美國長春藤布朗醫學院直升方案。
- 自學精通多種語言（中文、英文、日文、西班牙文、台語）。
- 自行鑽研程式語言等多種技術，目前Dr. John 在替自創的NAIMION品牌研發頂尖高效美白及抗皺保養品，同時也在研發創新的人工智慧醫療軟體。

我的成長軌跡

小學一年級的時候，與兩個妹妹及弟弟合照。

一、兩歲時與母親合照。

四年級剛到美國時，與爸媽、兩個妹妹、弟弟及堂弟合照。

小學三年級在臺灣與兩個妹妹及弟弟合照。

小學四年級準備要移民去美國。

幼稚園畢業照。

初中七年級暑假學風帆衝浪。

初中時與弟弟妹妹一起去迪士尼樂園玩。

初中小提琴表演。

初中時教弟弟騎腳踏車。

高中第一名畢業，掛著獎牌與
弟弟妹妹合照。

高中在美國與家人合照。

高中游泳隊畢業照
（我的專長是蛙式）。

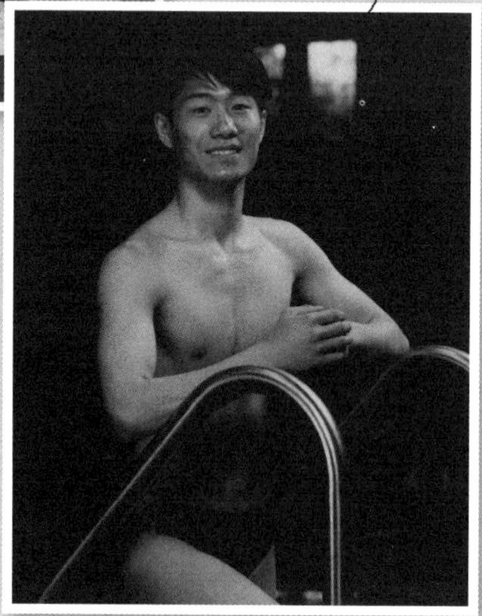

布朗大學醫學院畢業，與父親合照。

醫學院畢業，
在學校大門前。

大一剛入學不久與
大妹在校園留影。

大學時在日本慶應大學當交換
學生，與提供我將近3萬美元
獎學金的渡邊先生合照。

剛開診所時與
當時的加州州
長阿諾合照。

我在UCLA協助做的基因研究得獎，與教授及現任美國國會議員趙美心（Judy Chu）合照。

結婚喜宴上與家人合照。

與父母、妹妹、妹夫及姪女合照。

與UCLA住院醫師合照。

PRESIDENTIAL ACADEMIC FITNESS AWARD

presented to

John Wu

in recognition of

Outstanding Academic Achievement

and meeting the standards of the

Presidential Academic Fitness Awards Program

U.S. Secretary of Education

President of the United States

Principal

School/Year

小學第一名畢業，
獲頒當時雷根總統獎狀。

高中畢業SAT考試獲得
全加州最高分。

California Student Aid Commission

Certificate of Recognition
as a

Robert C. Byrd Honors Scholar

This certificate is hereby presented to

JOHN H WU

Awarded on the basis of merit in
Recognition of Academic Excellence and Achievement

Given on this 11TH day of MAY 1992

Dr. Samuel M. Kipp, III
Executive Director
California Student Aid Commission

SAT成績單。

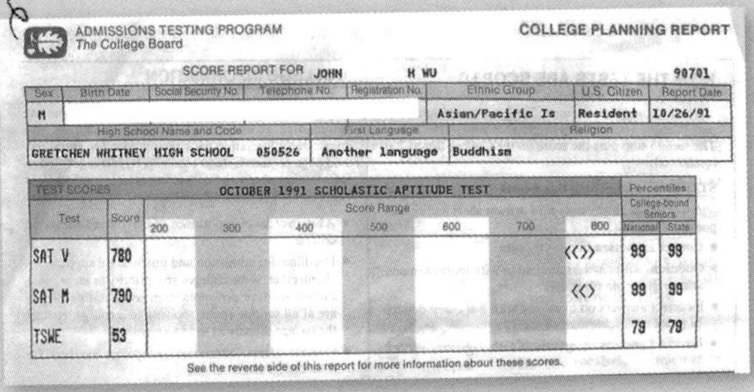

ADMISSIONS TESTING PROGRAM
The College Board

COLLEGE PLANNING REPORT

SCORE REPORT FOR JOHN H WU 90701

Sex	Birth Date	Social Security No.	Telephone No.	Registration No.	Ethnic Group	U.S. Citizen	Report Date
M					Asian/Pacific Is	Resident	10/26/91

High School Name and Code	First Language	Religion
GRETCHEN WHITNEY HIGH SCHOOL 050526	Another language	Buddhism

TEST SCORES — OCTOBER 1991 SCHOLASTIC APTITUDE TEST

Test	Score	Score Range (200–800)	Percentiles College-bound Seniors: National	State
SAT V	780	<>	99	99
SAT M	790	<>	99	99
TSWE	53		79	79

See the reverse side of this report for more information about these scores.

第3章
儲備EQ：十二歲前，一定要啟動的五大自主學習關鍵

第4章
從目標前開始倒數的時間管理與計畫

導言

培育大腦與心智，啓動孩子的自主學習開關

很多人對於學習，或是引導孩子學習感到迷惘。爲什麼孩子被動？沒有想法？拒絕溝通？自暴自棄？他們不關心自己的未來嗎？爲什麼如此缺乏自覺？爲什麼總是隨便應付要求？怎麼做，可以讓孩子自動爲自己的人生努力精進？其他人又是怎麼成爲「人生勝利組」的？

這些年來，我在美國頂尖名校的觀察是，IQ和EQ的培養同等重要，但台灣和中國大陸的教育只重視考試的分數表現，卻忽略孩子的個性、特質與想法。我在美國當家教時，幫助過很多從零開始的孩子，他們有的是英文基礎很差，有的是數學程度不佳，在掌握了正確的學習方法後，不但進步神速，而且也都進入很好的大學，贏得自己想要的美好人生。

這些孩子剛開始的學習表現之所以不佳，通常是因爲沒有自信、覺得自己做不到……不管是什麼理由，其實都是心態問題，與能力無關。我見過很多很有潛力的孩子，但是他們卻因爲種種緣故，有時是傳統的成見，有時只是故步自封，沒能充分發揮自己的天賦，實在很可惜。每個人的大腦在「硬體配備」上其實都差不多，也就是說，每個人的腦容量和腦細胞的數量其實差異不大，那麼，爲什麼頂尖、成功的人還是少數？差別在於「軟體」。所謂的「軟體」，就是思想、態度和作法。

「追求卓越」其實不難，只要沒有腦部缺陷，每個孩子幾乎都做得到。如果能夠具備正面的思想、態度和作法，自然就會產生想要克服困難的動力，學習上也會比較成功。

一個成功的人，ＩＱ和ＥＱ是並重的，而且必須在十二歲以前就奠定基礎，才能在狂飆的青春期中穩住陣腳。ＩＱ是頭腦的效率；ＥＱ是心理上的強度，也是面對挫折和批評的能力。ＥＱ其實比ＩＱ更重要，只有ＥＱ高的人能夠成爲優秀的經營者。他不需要自己擁有很高的ＩＱ，只需要雇用高ＩＱ的人替他做事就行了。

本書將從我個人的經驗與醫學背景出發，從幾個方面來說明，如何讓孩子成爲一個積極主動學習的人。不只是學習，人生其實是由一連串的競爭堆疊而成，並不是考上好大學之後就沒事了，好大學只是讓人躋身金字塔頂端的叩門磚，人生的本質是一場無止盡的生存遊戲，如何一關關的過關斬將，從競爭中脫穎而出，順利存活下來，而且活得有尊嚴、有品質，是每個人都必須面對的課題。

首先是父母的心態要先調整好，本書第一章會先談談父母的角色，隨著孩子的成長，父母的角色也會跟著變化。傳統那種威權、命令式的教育方法只會讓孩子離自己越來越遠，父母必須是孩子的良師益友，用陪伴和關懷，與孩子一同成長。

再來是「硬體」，也就是大腦的鍛鍊。第二章談的是大腦的運作效能，亦即IQ，孩子的成長過程有幾個時期一定要把握，幫孩子準備好效能足夠的硬體，硬體運作的速度夠快，日後才能有效率的吸收和運用知識。

第三章是「軟體」，亦即五大「自主學習關鍵」，也就是EQ。包括孩子的心理強度、創造思考力和自律力等。只要在十二歲前奠定這五大能力，孩子接下來就會穩健發展，即使面對「徬徨少年時」，父母也不用太擔心。

第四章會介紹如何讓孩子學會時間管理及目標規畫。人生的基本單位就是時間，「成就」就是在這一分一秒間緩緩累積而成。因此，讓孩子學會使用與規畫時間，也就是讓他為自己畫出邁向成功的地圖。

第五章將與讀者分享記憶的祕訣。記憶是學習的基本功，而學習語文是提升大腦效能的好方法，我們可以從語文學習開始，練習利用圖像來記憶，不需要死記硬背，就可以將各種知識牢牢儲存在腦海中。熟悉這個方法後，應用在其他科目上，便可以讓孩子很快建構起自己的知識資料庫。

第六章介紹的是實用的考試技巧，考試不是學習的目的，但它是讓人生更上一層樓的武器。雖然「會考試不等於會做事」，但學習生涯總要應付大大小小的考試，小至隨堂測驗，大至求職面試，這門功夫練起來，還是很有用的。

最後，附錄是從醫學的角度來談吃哪些食物、怎麼吃，對成長中的孩子大腦最有益。

希望透過這本書，貢獻自己的經驗和心得，幫助父母協助孩子掌握學習和教養的要訣。本書不是教父母如何讓孩子取得好成績，而是如何引導孩子變成一個兼具高IQ與高EQ的人，不管面對任何問題都能應變處理。

我很希望我們華人可以在國際舞台上更強大，能從容面對與其他國族的競爭，不只是IQ的競爭，更是EQ的競爭。大約二十至三十年前，移民到美國的華人第二代，EQ普遍很強，他們經得起批評，堅毅而強韌地記取教訓、持續奮鬥；但現在，許多華人家庭出身的孩子，抗壓性普遍很弱。我想這是因爲我們的教育沒有在根本上調整，雖然教改改得翻天覆地，但骨子裡什麼也沒變，只知道往孩子的腦袋裡灌資料，對於做人處事卻沒有任何幫助。

華人一定要走出去，要離開舒適圈，在國際上競爭。只要出國待過一陣子的人就會發現，歐洲、美國、澳洲這些歐美系國家的國民，普遍來說，心理質素都不像華人那麼脆弱、動不動就受傷崩潰。一方面他們很懂得用幽默解決不必要的衝突，二方面他們的創造力比華人強很多。華人的產業都在做OEM（代工）顯少創造。以蘋果來說吧，他們做的是破壞性創新，利潤空間很大；蘋果設計出具有破壞性創新的產品，之後就交給中國、台灣製造，製造商依從的是已經被制定好的藍圖，這就是局限，只能不斷壓低成本、剝削勞力、競爭訂單。

華人爲什麼不創造？因爲華人的孩子在成長過程中沒有足夠的空間進行創造的訓練。教育現場都只是靜態的學習和單方面的灌輸。下一章我會再詳細介紹什麼是靜態的學習、什麼是動態的學習。

藉由本書，我期許自己能擔任父母與孩子在學習之路的領航者，你也許是憂心忡忡的父母，也許是在教學上遇到瓶頸的家教，也許是主動積極尋找有效學習法的學生，希望我的經驗與心得，能幫助你在學習之路上找到屬於自己的方向。

第一章

在敦促孩子前，先成爲孩子的好榜樣

給父母的話

學習的目的，是讓孩子具備所需的能力，依孩子希望的方式，追求自己認可的成功。

孩子是你的縮小版。

對學齡前孩子而言，他們崇拜、效法的榜樣就是父母。雛鳥跟著父母學飛，獅子跟著父母學習捕獵，這是大自然的定律，孩子模仿的不只是父母的行爲，個性、氣質也都源自父母的潛移默化，因此，父母必須以身作則，隨時反省自己會如何影響孩子。

希望孩子成為什麼樣的人，就得先把自己塑造成那樣的人。

有一個很典型的現象，父親酗酒、家暴的家庭，即使兒子從小對此非常厭惡，立志以後絕對不會重蹈覆轍，但奇怪的是，長大後仍會不自覺的複製父親的行爲。由此可知，父母的影響是無法避免的，即使孩子再怎麼想擺脫，仍會下意識將父母的某些特質傳承下去。

如果希望孩子待人和善、彬彬有禮，自己就必須先收斂暴躁、亂罵人的脾氣。有時在路上會看到某些家庭，小孩子罵髒話罵得很自然，一不順心就動手推打，再轉頭看看他們的父母，也有著一模一樣的行徑。

如果希望孩子喜歡看書，自己就要先養成閱讀的習慣。我有個朋友，他們家的孩子都很懂事、優秀，他們家就有一起閱讀的習慣，每個禮拜會有一段固定的時間，一起去咖啡店看書，並且互相討論彼此讀到的內容。

這個方式雖然比較累，但話說回來，你自己都做不到的事，孩子如何能從你身上學會「做到」的方法？

舉例來說，運動是培養孩子意志力和耐力的好方法。如果孩子想吃冰淇淋，你可以跟他說：「我們來挑戰騎五公里的腳踏車，完成後就可以吃冰淇淋。」然後陪著他一起騎完五公里，再給他吃冰淇淋。這是養成孩子習慣「只有在完成一個計畫後才會得到想要的東西」，因此推遲欲望被滿足的時間，體認到「有付出才有收穫」。

父母絕對不可以有雙重標準，規範小孩的是一套，自己卻做另一套。比方不准孩子看電視，自己卻一直看個沒完沒了；不准孩子在餐前吃零食，自己卻隨時隨地都可以開零食來吃，這就是雙重標準，孩子不會信服。徹底執行規定，不管是懲罰或獎勵，承諾了就要做到。

俗話說：「陰天打孩子，閒著也是閒著。」很多人把孩子當作理所當然的出氣筒，將自己的壓力與情緒發洩在孩子身上。但孩子會模仿、複製你的行為，你現在怎麼對待他，日後他就會用同樣的方式對待他人，尤其是他的小孩。如果你能把他當作一個小大人對待，他自然就會懂得對自己的行為負責，並學會尊重別人。

在要求孩子之前，不妨先檢視一下自己的所言所行。

教養不外包，看見孩子的努力

父母不需要把自己變成愛因斯坦，但一定要花時間和精神陪伴孩子。

目前華人的教育現況，普遍是將教養的工作外包給保母、學校、補習班、安親班，甚至是爺爺奶奶。教養跟投資很像，父母投入多少精神和心思，未來就會看到多少成果，沒有任何捷徑。

我很感謝母親的陪伴。記得小學每天下課回到家，母親就會讓我一起坐在桌子旁，她忙她的事情，我做我的功課，這就是一種陪伴，她會幫我看功課、讚美我做得好的部分，用鼓勵的方式讓我喜歡手上正在做的事。很多時候我並不是因為喜歡這件事而努力，而是因為想要得到父母的讚賞。我媽從來不打不罵，都是用鼓勵的方式。後來我在面對我的家教學生時，也是用同一套方法。當他們遇到困難，我就幫助他們面對、解決；當他們做對了，就鼓勵他們繼續朝對的方向前進。學生如果只考六十分，我不會說：「你這個笨蛋，怎麼只考六十分？」而是說：「你很用心，花了一個小時很努力的準備，我很欣賞你的努力。你失誤的地方是很多人都會疏忽的，我小時候也曾經疏忽這個細節。還好我們現在發現，只要記起來，以後就不會再因爲它而失誤了。」我們要做的是分析爲什麼會失誤，是粗心還是不懂呢？並探討「如何修正這個失誤」，而不是責怪他怎麼可以犯錯。

父母投入時間成爲孩子的良師益友，幫助孩子建立心理、精神上的基礎，讓他有能力面對競爭，這是大班制教學的補習班絕對做不到的。一對一的補習班和家教或許可以解決孩子課業上的問題，但一定要幫孩子慎選老師。

父母的陪伴，是啓動孩子自主學習的關鍵力量。

有歸屬感的孩子不會變壞

以我的父母爲例，我們剛移民美國時，家裡經濟情況比較差，我的母親都會很坦率的跟我聊家裡的經濟困難，但很多父母並不想讓孩子知道這些事。

讓孩子理解家裡的經濟情況，也可以變成讓孩子主動做好分內事的動機。

爸媽可以這麼說：「雖然我們家不是那麼有錢，但我們不想讓你們去賺錢幫忙家計。而是希望在我們努力賺錢的時候，你們也可以好好念書，未來你們功成名就，就有能力幫忙解決家裡的困境了。」讓孩子了解、參與家庭事務，對家裡產生責任感，自然就會力爭上游，尤其許多出身貧苦家庭的孩子會特別努力。不要刻意隱瞞孩子家裡的困境，保護得太好，只會寵壞孩子。

讓孩子從小就抱持「我是家庭的一分子」的觀念。這種命運共同體的夥伴關係才是良好的親子關係，尤其是中學階段，當家庭的凝聚力、彼此的認同感都很強，父母誠懇的跟孩子溝通時，不管孩子再怎麼想掙脫家庭而獨立，也不太會因爲缺乏認同而誤入歧途。

孩子對歸屬感的需求很強烈，如果家庭缺乏這種凝聚和認同，當青春期孩子非常需要同儕肯定時，就有可能加入幫派，在這類團體中尋求被尊重、被認同、被接納的感覺。如果你和孩子之間有著很深的羈絆，當孩子年齡漸長、進入青春期時，你的影響力就不容易被他周圍的同儕超越。

父母必須尊重孩子是個獨立個體，也尊重他的想法，才不會讓孩子有機會誤入歧途。

我中學時進入了Whitney High School，全家也搬到這間學校附近，當地有很多華人家庭，如果孩子進不了Whitney High School，就會就讀另一所不需要考試就能入學的社區高中。我的兩個妹妹讀的就是那間學校，學校裡有很多台灣來的孩子，他們很多人的父母都留在台灣，把孩子留在美國當小留學生，給孩子很多錢，上學都開BMW或保時捷，以為給予孩子金錢，就是給予孩子關愛，把「金錢」當作維繫親子關係的關鍵，但真正的關愛是建立在陪伴上，金錢並無法締造孩子對家庭的歸屬感。

當這些孩子在學習上遇到挫折又沒有人培養他們的自信心時，他們就有可能加入有錢小孩組成的幫派。這些孩子開的名車後車廂中，很多都放有槍枝，槍枝和暴力讓他們感到自己是有能力、有自信的，這就是家庭功能喪失的結果。

我妹妹有一位高中同學，也是台灣移民，他的父母雖然在美國，但可能對孩子不夠關心，家庭的羈絆不夠強，這個小女生爲了尋找歸屬與認同，被看起來「很酷」的黑人吸引，結果十七歲就跟對方懷孕生子，前途令人堪憂。

中學是個小型社會，學習成績不佳、對讀書沒興趣的學生，就會排斥功課好的同學。他們聚集在一起，藉由互相模仿、追求潮流，做一些自己以爲很酷的事情，建立彼此的認同感。

中學階段的孩子正在學習獨立，需要建立自己的交友圈，從同儕身上找到歸屬感。此時，父母雖然不宜直接管教，卻可以採用一些比較間接的方式，幫助孩子接近素質比較好的同儕。除了讓孩子進入比較好的學校，也可以從校外的同好團體著手，如果小學階段就能培養正向的興趣，到了中學，就可以帶他去參加與這個興趣相關的青少年同好團體，比方讀書俱樂部之類的，讓他遇到志同道合的夥伴。我在中學時。母親帶我去參加的弦樂團就是屬於音樂類的同好團體。

這類課程團體也需要靠父母慎選，組成的同學盡量以同齡爲主，如果參與者年齡落差太大，年紀小的孩子很容易被排斥，也無法與其他人建立良好的關係。

為孩子尋找好榜樣，激發學習動機

孩子大約十歲之後，學習的榜樣會從父母轉移到其他人身上，可以引導他多看名人傳記，或是指引孩子向家族中優秀的楷模看齊，形成自我鞭策的動機。舉例來說，我的叔叔是醫生，祖父也希望孫子未來可以行醫，於是，我很小的時候就被帶去觀摩叔叔開刀，那次經驗讓我對醫生這一行產生崇高的敬意和憧憬，期許自己長大後也能成爲了不起的醫生。小時候只是單純覺得當醫生很偉大、很厲害，收入也很好；隨著與叔叔相處的次數增加，對醫生這個職業也就了解得越多，體會到這個行業除了榮耀與光環，也背負很多責任。

當我要申請進入醫學院時，必須在申請書上說明自己爲什麼想當醫生，而這些理由都必須從小生根，透過長期的接觸、了解，在過程中形成自己獨特的理由，絕對不能只回答「因爲能賺很多錢」這種虛浮的答案。

提供不同領域的榜樣給孩子，慢慢就會發現孩子對什麼有興趣、長大之後想要做什麼。孩子應該要有多方面探索的機會，即使是看似不賺錢的藝術領域，也要讓孩子去嘗試發展。

經過接觸、試探，如果孩子眞正的興趣與父母的期待不同，比方你想讓孩子當醫生，但孩子對藝術創作有天分，對醫生卻一點興趣都沒有，也不必勉強孩子。

重點是讓孩子擁有「自己真正想努力效法」的目標，他才會主動敦促自

己持續努力、不斷進步。

最理想的親子關係，是亦師亦友

我是家裡的長子，從小就被賦予必須懂事、照顧弟妹的責任，也被當作小大人看待。記得高中時，父親不在身邊，我身爲大哥，常常會跟母親討論怎麼跟進入青春期的弟弟妹妹溝通，並發現用這種方式來影響孩子，會比命令他們更有效。尤其是在交友方面，本來我妹妹常和朋友在外面待得太晚才回家，當父母讓孩子了解他們的擔憂，父母同時也了解孩子必須在外面待到那麼晚的理由，就可以心平氣和的與孩子一起討論解決方案，比方以「晚上十點以前回家」，作爲雙方都能接受的共識。

當孩子考得不如預期，不要只會責備他「怎麼只考九十九分？爲什麼不是一百分？」試著以朋友的立場跟他討論這件事，先給予讚美，再和他一起檢討失誤。語氣很重要，避免用負面的、情緒性的語氣責難，這只會打擊他的信心，讓事情適得其反。

這是一種策略，你必須比你的孩子更聰明，用經理人的角度來想「教養」這件事。你所說的每一句話，在說出口之前，都要先想一想它在孩子心裡會起什麼樣的反應？經過這番思考，你會發現，你想講的話，很多時候可能不要講會比較好。你要思考的是「結果」，並根據希望達到的結果安排作法，引導孩子的行為與反應往你期待的方向發展。

如果孩子遇到挫折和失敗，比方參加競賽輸了，千萬不要指責或嘲笑他。可以換個方式，安慰並鼓勵他，跟他討論：「這次失敗了，你覺得自己的問題出在哪？要怎麼做才會進步？」引導孩子從失望的情緒中平復心情，學習客觀的分析原因，同時在討論的過程中確認，孩子是不是眞的對這件事情感興趣？他是否眞的想做得更好？要怎麼做？藉此引導他為自己下定決心，並為目標制定計畫。這種為自己的目標做計畫的能力，在中學時期的學習將會變得更重要。

此外，父母必須引導孩子說出自己的感受與想法，做一個聆聽者、陪伴者，不要把自己的想法套在孩子身上。確認孩子是否有興趣是最重要的，否則他沒有持續努力的動機，也很難從中獲得成就感。

我們家族的長輩有個共同點：不會逼迫小孩。父母不能直接把壓力加諸在小孩身上，絕對不要跟孩子說：「你就是要給我考一百分，不然的話你就是笨蛋！」當壓力太大時，孩子會心生抗拒。

孩子做得不夠好，無論如何都學不會，有時不見得是孩子的錯，可能是老師不會教，此時就可以評估是否需要請家教。若真的是沒有天分，也不用太強求，每個人都有自己的長處與短處，讓長處充分發揮，不擅長的科目慢慢進步也就可以了，不見得樣樣都要非常卓越。

做個忠誠的傾聽者，即使是你的價值觀無法接受的事，也要靜下心聽孩子說。用朋友的角度跟孩子溝通，孩子比較容易接受你的想法。雖然他最後的決定不一定符合你的期待，但如果用強勢的方式，結果一定適得其反。

學習的目的不是一百分，而是培養各種能力

學習的目的，是讓孩子具備所需的能力，依孩子所希望的方式，追求自己認可的成功。學習的目的絕對不是考一百分，重點是要在學習的過程中培養各種能力。這裡講的「能力」不是掌握了多少知識，而是在掌握知識的過程中所具備的技能。會考試的人，不代表在社會上就能出人頭地。舉例來說，學習物理、應付物理考試的目的，是讓孩子學會如何利用考試來幫助自己有效率的學習物理。如何安排自己的時間和學習計畫，讓自己在考試前學會掌握一門知識？如何在腦中建立對物理的認知和觀點？在學習過程中遇到困難，是否能學會克服困難的方法？

在美國，物理教育很重視實驗，比方一顆球往上拋，到達拋物線頂點時

需要多少時間？受地心引力吸引，下來又需要多少時間？拋物線和重力關係的運算公式或許會被忘記，但在這個過程中學會的各種能力，如分析能力、理解抽象概念的能力等等，卻能在孩子未來的生活中持續應用。

孩子要競爭的對象是自己，分數的變化可以協助孩子檢視自己的學習方法是否有效，這個過程可以訓練孩子的分析力和執行力。

換個角度看，「分數」爲什麼只是個參考？舉例來說，同樣是考英文單字，一次拿了一百分，一次拿了八十分，難道八十分的學習成效一定比一百分來得低嗎？這可不一定。一百分的那次，是用短期記憶速效法在考前硬背的，考完就全部忘記；八十分的那次，則是用長期記憶的方式學到的，可以活用在生活中，這兩者的學習效果，後者顯然比前者好得多。

父母必須理解，分數並不代表眞正的能力。如果你希望孩子未來很會做生意，你要自己帶著他去觀察社會，觀察人與人之間如何進行交易。當孩子不懂、充滿疑惑時，爲人父母者也要藉此和孩子分享自己的人生經驗。

補習班與家教，如何選擇？

一九八四年，我們全家除了父親，舉家從台灣移民到美國。那年我十歲，唯一會的英文字彙只有「cat」和「dog」。記得抵達美國的第一天，我們住在洛杉磯的 Glendora，鄰居是個白人，用英文跟我們打招呼，當時我完全聽不懂他們在說什麼。兩年後，我以全校第一名的成績自小學畢業，獲頒當時雷根總統親自簽名的「總統獎」。五年後，我拿下加州地區 SAT（類似大學聯考的全國性高中生程度測驗）榜首，順利進入布朗大學暨醫學院。接下來的人生，一方面在醫學領域不停應付各種考試，另一方面則是在研究領域申請各種專利。我的人生可以說是在一連串的競爭、考試、得勝的過程中度過，而且不曾依賴任何補習班或家教。

我看過很多有錢的移民家庭，往往把孩子扔在異國不管，孩子長大後，父母就得收拾很多爛攤子；反而是家庭環境較困苦的，一方面沒有錢讓孩子去參加華人風格的補習班（Cram school，意即「塡鴨學校」，白人社會也有各種不以考試爲目的課後輔導），一方面當時的白人社會也沒有補習班，亞洲人社區還沒形成這種「補習經濟」，父母只能親力親爲的陪著小孩成長。現在不一樣了，美國的亞洲人社區也出現了很多補習班，這些被「教養外包」的孩子，有的是讀完中學就無法升學，有的是勉強靠錢進了某間野雞大學，畢業後失業問題也很普遍，往往只能成爲「靠爸一族」，進老爸的公司坐領乾薪，缺乏競爭意識，自我管理能力不足，脾氣和態度都不好，即使勉強混了個大學文憑，美國的企業也不會錄取。

所以我不贊成把孩子送去補習班，尤其是大班制的補習班。爲什麼說補習班沒有用？說穿了，配合大衆的教學法，就只能得到大衆化的結果。孩子能否進步，關鍵在於是否有動機。如果孩子自己想念書，配合正確的學習方式，他的成績一定會持續進步；如果不想念，再怎麼鞭策他都沒有用。

如果父母實在沒辦法擔任孩子在學業上的引導者，而必須爲孩子請家教，就要注意家教是否能幫孩子找出弱點，進而補強。如果只是重複學校老師教過的東西，也無濟於事。一個好的家教要能看出孩子的不足，進而加強。這個「不足」不是知識上的弱點，而是方法、觀念、習慣，或是性格上的弱點。好的家教也必須要能找到孩子學習障礙的癥結，引起孩子的興趣，並成爲孩子的榜樣。

以我自己擔任家教的經驗，如果孩子一直沒有做到某個要求，我就會請家長一起，三方坐下來直接面對面溝通。很多父母不太習慣跟孩子「溝通」，但若能誠懇、眞心的當面跟孩子說出自己的想法，以及對孩子的期待是什麼？小孩才會眞正了解並接受父母的想法，父母的期待就會成爲孩子學習的「動機」，並因爲了解父母的想法，在不斷的溝通過程中，逐漸成熟。

第二章

強化ＩＱ：把握大腦的黃金發展期，全方位激發潛能

給父母的話

先不論學習多種語言可以提升國際溝通能力，光是「讓孩子的大腦變聰明」這個效果，就很值得父母多花些心思努力。

大腦分成左、右半球，簡單來說，左腦司邏輯，右腦管創造。想提升孩子的IQ，全方位開發腦力、進行刺激，是父母必要的功課。兒童期的孩子，腦部發育的速度很快，吸收力、學習力、適應力的強度，可能遠超過成人的想像，只要掌握這段快速成長期，一面為大腦提供足夠的營養（本書最後一章會詳細介紹），一面促進腦細胞與大腦神經元的成長，就能為孩子奠定良好的「硬體」基礎。

IQ就是大腦的效能。我們說一個人很聰明、頭腦好，是因為他反應快、思路清晰敏捷，這種能力取決於腦細胞的數量，以及腦細胞之間神經元連結的密度。連結的密度越高，腦中訊號傳遞的速度越快。連結的密度一方面需要訊息的刺激，一方面也與吃的東西有關，攝取足夠的營養，身體才有材料構築這些連結。以舉重爲例，要先進行舉重這個活動，身體和大腦才會發出需要補充營養讓肌肉生長以滿足施力需求的訊息，此時補充了蛋白質，身體馬上會辨別出要用在哪裡。大腦也是一樣，在高頻率的刺激、運作下，身體自然會知道要把養分拿去構築連結，雙管齊下，才能讓連結確實生成。

腦細胞的數量在胎兒二十四～二十五週時開始迅速增加，出生時，腦細胞數量大約會發展至一百～一百八十億個，並持續成長至四歲。四歲之後，直到生命終結，人的腦細胞數量只會不斷減少。

和腦細胞一樣，神經元連結在四歲之前生長得最快，四歲之後雖然還會再發展，但增加的速度就會趨緩。可以的話，盡量在十二歲以前加強大腦的刺激，接下來一直到四十、五十歲，都還可以透過不斷的學習、刺激，將連結維持在一定的數量。

孩子的成長不能等，務必要趁孩子的大腦全速發展時，盡力的開發！

語言越學越聰明

兒童學習語言的能力很強，尤其在七歲以前，是語言學習力最強的時候。最新的神經科學研究指出，若能學習兩種語言，可以明顯增加腦力和聰明程度，也可有效延緩腦的退化速度，所以，如果可以在兒童期學習兩種語言，對於大腦的成長幫助非常大。根據我個人的經驗，小時候學習兩種語言，確實可以顯著提升學習效率。

如果沒辦法讓孩子在七歲以前學習外語，把握在十二歲以前多學一些不同的語言，仍然很有幫助。

爲什麼要特別強調「學語言」的重要性？

腦是一塊類似肌肉的組織，越使用越發達。大腦越發達，腦細胞的神經元連結越多，人也就越聰明。學習語言，同時訓練聽、說、讀、寫的能力，這些能力就會鍛鍊到腦的不同部位，可說是讓大腦「全方位」新增連結。

我剛到美國時，完全不懂英文。母親安排我和兩個妹妹直接進入當地的公立小學就讀，沒有降級入學，也沒有先去讀語言學校，讓我們直接與同年齡的美國孩子相處，自己想辦法迎頭趕上。大約過了三個月，我和我妹妹就已經可以和同學們進行基本的會話；四年級念完，我的英文就已經不成問題了；五年級時，成績已進步到班上前三名；六年級甚至以第一名畢業。

仔細想想，英語並不是我學會的第一種新語言，國語才是母語之外的第一種新語言。我的老家是純台語的環境，上小學前根本不懂國語。還記得第一堂課時，老師走上講台一開口我就愣住了，根本聽不懂啊！但是隨著每天去學校上課，很快就適應了。後來移民美國，課堂上也聽不懂老師、同學們在說什麼，但我不害怕，應該說是完全沒有想過要害怕，感覺就和小學一年級開始學國語一樣嘛！

當時年紀小，並不特別覺得兒童時期學語言，對於腦的發育和運轉有特別的幫助。但到了大學時期，感觸就特別深。那時曾經到日本慶應大學擔任一年的交換學生，我發現，當我專注學日語的時候，其他科目的學習速度也變得特別快。這讓我回想起童年時期兩次語言環境的轉換，無論是從零開始學國語，還是從零開始學英文，這兩個階段其實都大大的強化了我的學習效率。後來在醫學院時期，我開始學習電腦的程式語言，也發現有同樣的效果。

學習語言提升大腦的運作效率，還可以從另外一個經驗中證明。我在美國念書時，由於學習和反應速度都很快，上課時，老師還在講解課程，我就已經寫完作業了，放學時直接把作業放在學校，根本不用帶回家。

先不論學習多種語言可以提升國際溝通能力，光是「讓孩子的大腦變聰明」這個效果，就很值得父母多花些心思努力。

左右腦同時鍛鍊，創造力就是競爭力

傳統華人的教育習慣犧牲藝能科，認爲音樂、藝術類的科目是浪費時間，而且小孩如果變成藝術家會餓死，所以總是避免讓孩子發展創造力。但是，這也是華人在國際舞台上缺乏競爭力的主因。

最現實的關卡就是創業。每一門生意都會面臨很多困難，要如何在競爭中勝出？一個人是否具有想像力和創造力，是關鍵決勝點。小至管理一個小小的專案，大至擔任企業負責人，都會遇到各種難題，也都需要創造性思考來解決問題。不只是做生意，寫文章、寫程式、做企畫也是一樣的道理，如果只會不斷重複既有的模式，跳脫不出框框，就不會有競爭力。

創造力、想像力，是由右腦控管的，訓練孩子的右腦，就是在增強他的競爭力。音樂、藝術、運動等動態性的活動，不但可以刺激右腦，還可使左腦與右腦之間的連結更強，讓大腦更發達，遇到需要解決的問題時，可以迅速反應出各種解決方案。左腦控管邏輯、數學、語言（不同的語言系統其實分布在腦的不同部分，有人中風後，會失去講某種語言的能力，但可以講其他的語言，所以多學語言，大腦會更發達），左右腦同時鍛鍊，才會成爲贏家。

我和弟妹們都還很小的時候，我的母親會買很多畫具給我們，雖然長大後對繪畫不再感興趣，但小時候玩顏料的記憶仍然很鮮明，原來紅色加藍色會變成紫色、黃色加藍色會變成綠色，整個實驗、探索的過程都讓我們覺得很有樂趣。

繪畫、作曲、攝影都可以活絡右腦的運作。很多家長會把孩子送去學鋼琴、小提琴等樂器，以爲這樣就夠了，其實不然。學音樂不能光是學會怎麼演奏樂器，演奏技巧練得再好，仍然是在既定的框架中重複已知的東西。學音樂是爲了讓孩子掌握一種基本工具，讓他透過這個工具，創作屬於自己的旋律。舞蹈也是一樣，不論是現代舞、爵士舞，都可以讓孩子懂得利用自己身體的律動，去創造和表達。

我大學時修過一門攝影課，課程的主題是在城市中進行街拍。不只是看到有感覺的畫面就把快門按下去，而是要透過這個畫面，傳遞出拍攝者的想法。別人已經拍過的，不管是主題、構圖或攝影概念，都不可以重複，必須是自己獨到的觀察與見解。除了拍照，我們還要學會在暗房中把想要呈現的效果沖洗出來。

我因爲不太擅長畫畫，對我來說，攝影剛好是很不錯的創作管道。我小妹就很有繪畫天賦，她的畫作掛在大學校長的辦公室裡，被其他鑑賞者看到，竟然出價六千美金收購。也因爲她的創造力很強，現在是美國前五百大上市公司的行銷經理。行銷是一門非常需要創意的專業，必須不斷想出各種新鮮點子，讓品牌和產品在激烈的競爭中脫穎而出，被消費者注意、支持。她規畫的行銷案別出心裁，成功地爲公司帶來很大的收益，也爲她個人創造了高達二十萬美金的年薪。

我雖然沒有成爲藝術家、攝影師、音樂家，但我仍然持續創作，例如架設網站、寫軟體、研發手機的APP。人必須一直不斷學習新的東西，腦子才不會老朽。我大概從一九九六年就開始學習網際網路相關的知識，像是PHP、MySQL，架設資料庫和網站，讓網站具有互動性，而且我們公司的幾個網站都是我自己做的。用電腦語言創作，會同時運用到左右腦的很多部分，尤其是創造力、想像力和邏輯。左腦是管邏輯，右腦是管創造力和想像力，一方面要呈現一個世上前所未有的新點子，一方面要在過程中解決很多問題，大腦會因此不斷運作。

如果孩子對於學習外語實在興趣缺缺，不妨試試學習怎麼寫程式吧！

愛運動的孩子更聰明

我的家族中，有一位很優秀的表哥，畢業於哈佛醫學院，大學讀了三個學位。我曾經去訪問這位舅媽（表哥的母親），這麼厲害的孩子是怎麼教出來的？原來他們家的小孩很小就被帶去學高爾夫和網球，這位表哥至今依然熱愛高爾夫，並維持著固定的運動習慣。我的母親也很重視孩子的體能，在我和弟妹們都很小的時候，母親每週都會帶我們去公園騎腳踏車、打網球。

直到現在，運動一直都是我用來強健體魄、保持頭腦清醒與學習效率的小祕訣。

中學時，我參加了水球隊和游泳隊。水球是一種在游泳池中進行，規則和足球類似的激烈運動。美國很重視體育發展，高中的體育校隊競爭很激烈，選手的選拔、訓練都很嚴格，當時我參加的游泳隊和水球隊，有些隊友的速度甚至已經與奧林匹克選手相去不遠。在激烈的運動之後，我發現大腦會變得特別清明，轉速特別快，反應也特別敏捷。因此遇到大考，中間的休息時間，我就會跑去健身房做短暫的激烈運動，藉此維持高效的戰鬥力，迎接下一場考試。

有運動習慣的孩子，腦部發育會比較好，也會比較聰明。我們常形容人：「四肢發達、頭腦簡單」，其實並不然。運動不是只有肌肉在動，運動時，大腦的血液循環也會特別好，即使是末梢血管，新鮮的血液也攜帶了大量氧氣源源不絕的送進去，同時清走廢物。

運動會直接影響新陳代謝。新陳代謝有兩種狀態：儲存和消耗。人在吃飽的時候，大腦就會讓人進入睡眠狀態，將攝取的養分儲藏起來。當人在活動時，尤其是遇到生命威脅逃命時，身體需要消耗大量能量，神智也會特別清明。醣雖然是腦的營養補給，但血糖的含量太高，大腦就必須啓動「儲存」模式，讓人昏昏欲睡；**人在運動的時候，會增進新陳代謝，可以消耗多餘的血糖，同時也讓頭腦變得更清楚、注意力更集中。**

大腦潛能無限，「難」只是自己嚇自己

了解了ＩＱ與腦部潛能的開發，是不是對於孩子的潛力充滿希望呢？請務必維持這樣的樂觀。不只是對孩子，對自己也要有相同的期待。父母必須了解一件事：面對新挑戰，孩子其實不太會判斷眼前的事物是不是很難，也不會預設立場或帶有成見，爲人父母者，千萬不能讓孩子覺得事情很難、做

不到，否則孩子就會自我設限，甚至連試都不願意試。

小學六年級的時候，我告訴自己，未來要念美國最好的大學——哈佛。哈佛的錄取率是四％。對自己沒信心的人通常不會申請，所以這四％並不是平庸之徒中的四％，而是超級精英中的四％，競爭非常激烈。當時我心想，如果我的程度可以進哈佛，要進入其他學校就易如反掌。於是，哈佛就成為我十二歲時定下人生的最大目標。但是，究竟要怎樣才能進入哈佛讀書呢？

我打了一通電話到哈佛大學索取入學申請書。

對方問我：「現在是幾年級？」我不敢說自己國小剛畢業，就假裝是高中生說：「我是高中一年級。」對方還勸我：「不用這麼早拿申請書呀，十二年級（即台灣的高三）時再拿就好了。」雖然這麼說，但還是將申請書寄給我了。拿到申請書後，才發現哈佛對申請資格的要求，除了學業成績，還要有體育活動、音樂、志工服務、學生社團、獎項……等好幾種課外活動的表現，還有一份短文。除了申請書，另外要附上老師的推薦信，如果有名人的推薦信加持，這份申請書就會更有競爭力。針對這點，如果孩子的EQ很好，懂得待人處世，老師的推薦信自然就會寫得很漂亮。總之，整本申請書的每一項都是一整頁的空格，然而我卻只能填上自己的名字，其他的欄位全都空白。

體認到哈佛期待的是「全才」學生後，我就知道接下來要努力的方向了。我開始觀察其他人是怎麼考上哈佛的？他們做了什麼？我該做什麼？我可能的競爭者，他們都在做什麼？我必須比他們更優秀。

競爭，不只是一種提升學習成效的技巧，更是人生在世一定要面對的課題。想想你身邊的人，看似沒有直接競爭關係，但實際上你們是在同一個戰場上互相廝殺，只是你還沒意識到。舉個例子來說吧，在美國，亞洲人就是得比白人考到更高的分數，才有可能爭取到比較好的機會，這可以說是種族歧視，雖然公立大學不至於如此，但哈佛和其他長春藤名校都是私立大學，要怎麼辦學是他們的自由。對這些學校來說，亞洲學生的SAT成績就得比白人多拿兩百分，才有可能被錄取。我考SAT的那一年，滿分一千六百分，我拿到一五七〇分，是那一年加州SAT的榜首，只有一題未答，一題答錯。爲什麼非得這麼拚命不可？當年一般白人要進哈佛，平均門檻是一千三百分，亞洲人就是得考到一千五百分以上才有機會。你的競爭對手其實不是白人，而是其他的亞洲學生。

拿下加州SAT的榜首後，我決定挑戰門檻比哈佛更高的布朗大學醫學院學程。在美國，醫學院是大學畢業後才能申請的，如果要讀哈佛，之後要繼續學醫，就還要再經過一次申請學校的關卡。布朗大學也是美國的長春藤名校之一，設有一個醫學院學程，讓學生在完成大學學業後，可以直升布朗大學的醫學院，大學時期修讀的醫學課程，也可以在醫學院階段抵學分。這個學程的競爭比哈佛更激烈，只有〇．四％的錄取率，幾番權衡之後，我還是決定挑戰布朗大學，結果不但被錄取，還拿到了獎學金。收到錄取通知時，我反覆看了好幾遍，不敢相信自己眞的辦到了。

凡事不能因為「難」就裹足不前。「任何事都是可能的。」一定要抱持這種想法，才會成功。如果還沒開始做，就預期它很難、做不成，從出發點就已經失敗了。我都會跟我的學生說：「不管你要做什麼，**目標一定要設得非常高，無論做哪一行，都要以成為龍頭為目標。」目標一定要設到最高，進而根據這個目標規畫進度，一步步努力執行，最後即使未必達到那樣的高度，也是「雖不中亦不遠矣」**。

考SAT時也是，我的目標就是要拿滿分，不管滿分的機率多低，即使最後沒有眞的拿到滿分，但也拿到了將近滿分的成績；相反的，如果目標設得很低，最後能達到的程度通常就會更低。

當然，極度自大卻缺乏實踐也不會有成效。無論如何，人一定要相信自己有無限可能，並確實的、漸進式的執行計畫，所有的夢想都會達成。

與其害怕競爭，不如正面迎接

美國的大學評分標準不是用分數計算，而是依你的表現在這群人當中位於哪個層級，分成A（九〇～一〇〇％）、B（八〇～九〇％）、C（七〇～八〇％）、D（六〇～七〇％），F就是不及格。這種評分方式的本質就是競爭。

「原來美國的亞洲學生競爭這麼激烈，我的孩子會不會很快就被淘汰？那還是留在亞洲好了。」很多父母會有這樣的疑問。不要擔心你的孩子在高競爭的環境中無法生存，競爭越激烈，孩子就會變得越強。如果擔心孩子面對競爭很辛苦，而把他們放在輕鬆的學習環境裡，他的整體發展就可能比別人弱很多。這個「整體」包括腦部發育、思考能力、做事能力、意志力等。

在美國，因應學生不同的需求，公立高中分成兩種：一種是不用考試的地區型中學，只要住在該學區內就可以就讀；另一種是需要通過考試才能入學的頂尖學校，像是「磁吸高中（Magnet High School）」和「特殊定位高中（Specialized High School）」就是屬於這一類。這些頂尖學校的學生，目標都是考入好的大學。我所就讀的Whitney High School屬於「磁吸高中」，當時是加州最頂尖的高中，同學大部分都是亞洲人，以韓國人、華人、印度人爲主，日本人、白人、黑人、墨西哥人很少。在學校，大家都是盡力做到最好，因爲只要稍微鬆懈，就會被其他人遠遠的甩在身後，考試時即使只比別人多錯了一題，但因爲大家都答對，你的排序就會立刻落後別人一大截。

「不要怕競爭」是非常重要的觀念，貪圖一時的輕鬆愉快，你落後的就不只是一點點。

有很多人覺得，在這類學校讀書，壓力很大，孩子會過得很痛苦。但只要你的孩子ＥＱ、ＩＱ都夠，這種高競爭的環境反而可以激發出潛能，讓人不斷超越自己，遇強則強。孩子會隨著環境的改變而不斷提高戰力，大腦也會隨著高強度的使用而越來越聰明。以我自己的經驗來說明，高中、大學、醫學院的挑戰，一階比一階更嚴苛，但人是可以適應環境的，並從中找到求存、求勝的方法。人是需要對手的，高競爭力的同儕，是最強的對手，也是最好的戰友。

史丹佛這些長春藤名校很喜歡來我們那所高中招募學生，因爲他們需要的就是素質好、耐得住高度競爭的學生。不只是我，其他高中同學的能力也都在這樣的競爭環境中快速成長。

學習是一場競賽，要培養「喜歡贏」的心態

孩子的學習障礙往往不在腦袋聰不聰明，而在於學習的壞習慣。最常見的學習問題是不細心、不專心。孩子不專心，往往是因爲沒興趣，爲什麼沒有興趣？通常是因爲父母沒有爲孩子培養興趣。比方，父母可以將學習設計成遊戲，答對加分，答錯扣分，諸如此類。培養孩子對「競爭」的認知是必

要的，必須讓孩子勇於競爭、勇於接受挑戰。

記得我六年級的老師，會用玻璃珠來玩這種加分扣分的遊戲，每個人有一個碗，答對了就在你碗裡放一顆珠子，答錯就拿走，學生會拚命的想要答對，看著碗裡的珠子越來越多，就會很開心。那時候我和班上另一個同學，總是在比賽誰的碗最滿，這就是用遊戲的方式鼓勵孩子。**孩子其實是喜歡競爭的，並樂於為此而努力**，慢慢的，就會培養出他的自信心和成就感，當孩子做得好，要立刻讚美，讓他感受到榮耀。

「喜歡贏」這件事對我的學習之路是很重要的。我從小學四年級到六年級，短短三年間，可以從完全聽不懂老師在講什麼，進步到第一名畢業，打敗那些土生土長的白人，這件事給了我很大的鼓舞，覺得自己有能力面對任何挑戰。而八年級的暑假發生了另外一件事，讓我更確定自己的認知沒有錯。

我的母親帶我去報考了ACE跳級測驗，測驗合格就可以跳過高中直升大學，而我竟然通過了這個考試，趁著暑假，就試著去大學修讀課程。當時我修習的是環境科學，班上同學大多是大學生，也有一些是已經爲人父母、回學校進修的社會人士，他們看到我這個小不點都很好奇：「怎麼會有個同學這麼矮呀？」課程進行時會分組討論，大家就會問我：「現在是大一嗎？看起來好小啊！」我也不敢照實回答，只說自己是高中生，雖然實際上只有八年級，但我不覺得我的學習表現會輸給大學生。

原本我媽有點擔憂：「大學的課，聽起來好難喔，你年紀這麼小，應付得來嗎？」但我不肯認輸，在課程開始之前，就制定了讀書計畫，按照進度，每次上課前先將教科書的內容看一遍，不懂的部分就標起來查資料，上課時我就聽得懂老師在講什麼了。我必須花很多時間去研讀，才能預先理解課程內容。結果在最後的考試中我拿了A，也就是贏過九〇%的人，因此對自己信心大增：「我才八年級耶，成績還比大學生更好！」覺得自己應該什麼都做得到。

這個課程只有兩個多月，老師的授課速度很快，根據課程目標，學期結束時，學生必須全盤掌握那厚厚一本的教材內容。老師上課可能只講重點，但考試考的是全部的內容，所以學生必須有自修的能力。其實我那門課能夠拿到A，一方面是想挑戰看似不可能的任務，「我要贏」的念頭一直支持著我；另一方面是因爲，相較於其他把時間花在成天玩樂、喝啤酒閒扯淡的大學生，我很用心學習。

在這門課程取得好成績之後，我其實可以直接報讀大學，不用讀高中，但我也在過程中體認到，這樣跳級其實對成長並不是好事。高中階段有很多能力要培養，尤其是和同儕之間的互動關係，跳級並不利於EQ的發展。

大學的課程對當時的我來說雖然不難，但是和同學的相處就存在著隔閡。可能因爲處理人際關係的能力還不夠成熟，年齡、人生階段也差了一截，很難和那些大學生打成一片。這讓我體認到必須在中學階段培養好健全的EQ，才能應付接下來成人世界將面臨的種種考驗。

第三章

儲備EQ：十二歲前，一定要啓動的五大自主學習關鍵

給父母的話

動態的學習方式，可以全方位激發孩子的各種能力，提升EQ，從而成為自動自發、努力向上學習的關鍵。

台灣的孩子有一個普遍現象：EQ很低。這些孩子就算很會念書，但因爲缺乏抗壓性，要是突然遇到挫折，承受不了，下一步可能就走上絕境。此時如果父母強調的都只是「要會念書」，就很容易發生悲劇。

會念書，其實與IQ高不高是兩回事。IQ是指頭腦的效率，類似電腦的中央處理器（CPU），是處理資料的速度和效能。念書增加的是知識，知識就像我們電腦裡的硬碟，認眞念書、吸收知識，是擴增大腦硬碟空間的一種方法。如果硬碟很大，但中央處理器很小，運作得很慢，資料抓個老半天抓不出來，書念得再多也是徒勞。

老實說，學校裡上的課，通常一兩年之後就忘光了。學習的重點，不在於課堂上教的知識，那些東西查就有了；重點是，我們要怎麼去認知這些知識？怎麼建立觀點？怎麼分析？如何在很短的時間內快速的將之內化成自己的東西？IQ，就是達成這些目的的效率。

EQ帶領IQ

EQ則是處理自己的情緒、面對人和人之間的關係，並了解自己的能力，而且一定要在十二歲之前養成，不然到了中學，缺乏抗壓性的孩子可能就會因爲承受不了各種挫折而崩潰、自暴自棄。孩子很難自己學會調節壓力，也不知道如何處理學校裡的人際關係，處理這些需要歷練和智慧，這種智慧就是EQ，此時，大人就必須擔任引導的角色。

一個人的個性、習慣、行爲模式，都是在兒童時期養成的。學習的習慣與態度，在小學六年級之後就很難改變，而且青少年時期的孩子尋求的是同儕的認同與獨立感，漸漸會不太願意聽從父母的指導。因此，父母必須把握住這短短的十二年，在這個時限之前培養孩子各方面的基礎。一但養成好的習性，孩子就會往正面的方向發展，父母只需要適時的提點，即使之後面臨狂飆、反叛的青春期，父母也不用太擔心孩子會走偏。

父母在這個階段，必須致力於培養孩子的五種能力：創造力、意志力、自信心、領導力和自我管理。這五種能力就是孩子的「自主學習關鍵」，有的是與生俱來，只需要引導擴大；有的則需要父母特別培養、訓練。

動態學習讓孩子接觸真實世界

父母和孩子一起進行的活動，必須是「動態性」的。動態性的學習就是要有互動，讓孩子能夠全方位運用大腦和身體，透過「身體力行」去參與的學習方式。

與其看 Discovery，不如走出戶外看世界

動態的相反就是靜態，太靜態的活動如看電視、看漫畫、打電動玩具、上網，都無法刺激腦部健全發育。讓電視擔任保姆的角色更是要不得的作法，我建議家裡最好不要裝電視。有人會說：「國家地理頻道、Discovery 這類知識性的節目都不錯呀！」但與其讓孩子看 Discovery，不如帶他們去天文館、博物館，讓孩子直接接觸那個世界，效果會比電視節目好太多了。學習不只是被動接受訊息而已，台灣的學校教育以靜態爲主，就是老師在台上把內容講過一遍，學生在台下聽過，最多回家複習，這樣單向輸入的資訊並不會成爲生活經驗的一部分，因此考完試沒多久就全部忘記也是理所當然。

大腦必須學會如何組織、理解這些知識，並實際派上「用」場。例如辯論和演講等方式，不同的領域會有不同的應用面，沒有眞正被用到的知識，就不會被大腦牢牢儲存。

美國的教育很重視創意啓發，強調「從做中學」，孩子不是坐在那兒等著被灌輸知識，必須在各種挑戰中不斷腦力激盪，找到自己的解決方法，並將之化爲實際的成果，這就是動態的學習。

參加社團活動及營隊

我小時候，母親會讓我們參加很多活動，比方童子軍、學小提琴、話劇演出、玩科學玩具等。記得小學五年級的時候，母親讓我去參加了科學營，當時有一個「高空落蛋」的實驗，從二樓丟一顆蛋下去，要怎麼做蛋才不會破？一組兩三個人討論並實驗，把蛋包起來減低撞擊力？還是繫上降落傘？看看哪個方式行得通。對我來說，那種團隊合作解決問題的過程非常有趣，我很喜歡這種研究、探索、實驗和證明的過程。這類活動幫助我增加新的興趣和能力，也奠定了我後來做醫學研究、寫軟體的內在動機。

多讓孩子參加營隊，可以全面刺激思考力，培養孩子主動尋找解決問題的方法。如果沒辦法送孩子參加營隊，父母也可以自己擔任活動的主辦人，設計一些互動性的實驗遊戲，和孩子一起進行。比方飛機遊戲，如何做出可以飛得高又飛得遠的小飛機？千萬不要主動告訴孩子該怎麼做。或許父母會辛苦一點，但是自己要先進行創意思考，才能創造出讓孩子主動思考的環境。

多玩科學遊戲

此外，母親買給我的科學玩具也是需要我自己動手做的，我必須自己組裝出一個機器人，而不是直接得到一個現成的機器人。我還記得那些組件裡還有電源、線路，所以做出來的機器人是會動的。這種玩具可以讓孩子運用想像力和創造力，去推敲、歸納、理解，然後想出解決問題的方法，完成目標。

另外一個讓我印象深刻的科學教具是望遠鏡。小學六年級時，母親給了我一支望遠鏡，從此我就可以自己一面查資料，一面印證我的觀察結果，這樣比呆坐在電視機前看 Discovery 的天文奇景要直接太多了。這個過程讓我對持續探索天文相關的知識產生動能和熱情，也因此讀了很多科幻小說，奠定了良好的英文基礎。

除了從實驗、觀察等實作的方式進行動態學習，多角度的思考也是另外一條很重要的路徑，這在華人的教育中也相當缺乏。

以互動取代聽講的上課方式

記得我在念大學時，有位教授開設了一門非常受歡迎的「道德課」。在布朗大學，這門「道德課」是所有醫學院學生的必修課，因爲醫生必須要有道德律。教授的教學方式很特別，是用問問題的方式來引導學生思考，除了讓學生發表自己的想法，也引導學生練習不斷轉換不同的立場來思考，透過很多矛盾的問題刺激學生互相辯論。

舉例來說，教授會問你：「有位父親爲了救女兒的命，去銀行搶了十萬元，被判刑入獄二十年。你覺得這位父親做錯了嗎？爲什麼？」此時會有兩種聲音，一種是認爲這位父親情有可原，應當輕判；一種是認爲這位父親犯了強盜罪，理當服刑。接著老師會以相同的情節、不同的立場切入，繼續問學生的想法。法律是絕對的嗎？還是人命更重要？藉由不斷轉換視角辯證是與非、對與錯，讓學生學會理解每件事情不能單從一個角度理所當然的去判斷，甚至陷入先入爲主的成見中。這不只是一種動態的教學法，也是一種以多角度讓學生學習動腦、思考的方式，可以增加學生的創造力。

我高中的歷史老師也是這樣上課，這種教學法讓班上同學非常積極的投入這門課。比方一七七六年，美國爲什麼要獨立？學生們會主動在上課前蒐集、研讀各種資料，一方面能在衆人面前發表自己獨到的見解，另一方面，如果被老師點到卻答不出來，就很丟臉，大家就會自動自發的努力準備，用自己的方式去思考和表達，這就是我所謂的「動態」學習。

這些動態的學習方式，可以全方位激發孩子的各種能力，提升孩子的EQ，進而成爲孩子自動自發、努力向上的自主學習關鍵。以下提供促使孩子自主學習的五大關鍵。

關鍵一：創造力

好奇是產生興趣與求知欲的原動力。好奇心是與生俱來的，孩子本來就對世界充滿好奇，看到每樣東西都會想摸摸看、試試看，想知道：「這看起來好像很有趣，究竟是什麼？好玩嗎？」一如孩子無限的潛能，孩子眼中的世界也是無限寬廣的。只要父母多加引導，讓孩子參與各種活動、接觸各式各樣新鮮的事物，自然就會勾起好奇心。

為什麼好奇寶寶後來對什麼都漠不關心？

唯有對萬事萬物保持高度好奇，不加設限，孩子才會自發性的廣泛探索，進而願意花力氣更進一步的鑽研某些領域。

缺乏好奇心，孩子就會變得被動、對眼前的事物漠不關心。

爲什麼原本是好奇寶寶的孩子，後來會變成對什麼都沒興趣、沒想法？因爲大人一開始就告訴他們標準答案：世界是什麼樣子、人生是什麼樣子，照著大人的指令做，不能有自己的主張，不能有第二個答案，不要問「爲什麼」，於是，孩子就失去了好奇心，反正不論他做什麼，只要跟大人認定的不一樣，就會被否定。於是，孩子就會放棄探索、放棄思考，這樣的孩子就不可能擁有創造力，而陷入被動、懶惰的狀態。

你的想像，決定你的世界

對事物好奇，才會產生想像。

想像力和創造力是一體兩面，要先能想像一個東西，才有辦法創造出來。有句老話：「你的想法，決定了你的世界。」一個人的想像有多大，他的世界就有多大。

和孩子相處時，可以多聊一些關於「想像」的話題。比方十年前世界是什麼樣子？二十年前是什麼樣子？和孩子一起想一想，那麼十年後、一百年後、五百年後，人類會過著什麼樣的生活呢？某些特定的行爲模式會有什麼變化？三十年前，人與人的溝通方式是用紙筆寫信和打電話，現在則是智慧型手機。那麼，五十年後又會是什麼樣子呢？孩子的答案往往會非常天馬行空，這種幻想（作夢）的能力，是他們認知世界的方式，沒有制約和包袱壓抑他們的思緒，一點點的線索就能觸發非常豐富的聯想。

美國的學校教育很重視孩子們的想像力，常常出上述這類題目，讓學生自由發揮，去思考某種事物未來會有什麼變化、爲什麼會產生這些變化，讓孩子把心中的想像寫成故事。至於小學一、二年級的學生能運用的文字不多，則被鼓勵用畫筆畫出他們所想像的世界。

無論是寫出來或畫出來，都是很好的引導。給孩子這些題目時，千萬不要設限，要讓孩子有充分的空間去想「我的世界」會變成什麼樣子、「我認爲」

世界是什麼樣子，充分發揮自己的主張，而不是反映大人灌輸的想法。新的創造就是在這種過程中激發出來的，沒有想像，就不會有創造。

我覺得很可惜的是，亞洲的孩子天資都很聰穎，但由於缺乏創造力，國家的產業就只能走代工路線。說穿了，代工就只是不斷壓縮獲利空間去競爭訂單，競爭到最後，獲利空間一定會近乎於零。爲什麼華人不能創造新的產業、新的科技，變成像矽谷那樣的地方呢？在矽谷，每個年輕人，不論是高中生、大學生，心裡想的，都是要像Facebook的創辦人佐克柏或Google的創辦人一樣，創建影響人類文明的企業。他們對未來的想像充滿企圖心，而且用積極的行動力勇於實踐夢想。

這些創新事業會帶給國家經濟很大的動能，如果一個國家一直缺乏創新的能力，在國際競爭中只會被遠遠抛在後面。二〇〇九年金融海嘯之後，美國的整體經濟又往上躍升了一大步，這一步就來自於創新事業。創新事業需要創新人才，人才的培育則必須從小做起。

父母培養的不只是孩子的創造力，也是國家未來的競爭力。

別小看奇幻文學天馬行空的力量

我們不太會對「不存在的事物」進行想像，作文的訓練都在背古聖先賢的名言佳句，孔子怎麼說、成語怎麼用，可比「我」重要太多了。這個文化特色也反映在文學作品上，華文世界很缺乏奇幻、科幻的作品，但是在歐美，奇幻與科幻是大衆文學的主流，像是《哈利波特》《魔戒》《基地》等等。很多轟動全球、獲得龐大收益的電影，就來自這些幻想故事。故事的力量是很驚人的，可以讓孩子們盡量多讀一些翻譯的奇幻、科幻小說，從中觀摩別人怎麼把「天馬行空」組織成一個極具邏輯和說服力的世界，然後練習寫出、畫出屬於孩子自己的想像故事。

除此之外，我們每天都會在生活中遇到各種大大小小的事，也可以藉此多問問孩子：「如果是你，你會怎麼做？」比方看到有人在漆房子，就可以問孩子：「你覺得需要多少桶油漆才能漆完這棟房子？」「爲什麼你覺得需要這個數量？」「有其他方式可以達到相同的目標嗎？」這些問題沒有標準答案，也沒有是非對錯，只是刺激他去動腦，如果他眞的想不到，可以再引導他從建築物的面積來思考。

孩子的創造潛力無邊無際，他們面對問題所想出來的解決方案，往往出乎我們這些大人的意料之外。這個特質非常重要，必須從小開發，而且一定要延續下去。富有想像力和創造力的人，才有可能破除陳規，開拓新局，並推動世界進步。

從解謎遊戲培養解決問題的能力

也可以提供一些解謎書籍或玩具給孩子，我小時候對這些也很感興趣。比方有一間密室，密室中有十個人，房間中央立著一根管子，長度大約到腰部，管子裡有一顆乒乓球，除此之外什麼都沒有，要怎麼做，這十個人才能把乒乓球從管子裡拿出來？

最顯而易見的解答是用十個人的尿液灌滿管子，乒乓球就能隨著漲起的水溢出來。這就是一種跳脫制約的思考，一般人會考慮到不能當眾解尿之類的禮節，便受限於此，但是要達到目標，就必須學會跳脫約定俗成的規矩。這種解謎題目可以用來和孩子一起探討是非對錯的價值觀，每一個解套的辦法都不一定全然對或全然錯，需要評估其利弊得失。如果孩子從小就懂得這樣思考，長大後一定很有競爭力，不管面對什麼問題都能想出解決方案。

想出「我自己的答案」勝過找出標準答案

記得小時候剛開始學電腦，有一種電腦軟體，目的是讓孩子透過各種條件設定，創造出自己的遊戲。藉助遊戲讓孩子運用已經學到的基礎，去思考「我想要什麼」，進而創造出來。現在已是智慧型隨身裝置的時代，我會希望孩子學一些基本的程式語言，試著規畫自己想要的 Apps，並把它做出來。

創造不只是科技上的創造，繪畫、攝影、音樂、文學……等，生活中的各個面向都可以成爲孩子發揮創造力的舞台。孩子不見得未來會因此變成藝術家，孩子做出來的實驗成果也未必出類拔萃，但創新的實踐經驗，會成爲孩子上戰場時很重要的生存實力。

美國的孩子從小到大都是這樣培養的。**當問題出現眼前，台灣人的第一個反應可能是找出現成的答案；但是在美國，大家第一個反應是想出自己的答案**。因爲美國教育對創造力的重視，也讓「創新」成爲我很重要的興趣之一。在皮膚治療方面，我已擁有幾項創新治療的技術，尤其是修復被雷射破壞的皮膚，以及因漂白受損的皮膚，並用更好的方式治療黑斑和暗沉。唯有創新，才能推動人類文明持續向前，我很希望未來的華人世界可以像矽谷一樣，源源不絕的產生推動人類進步的創造力。

關鍵二：意志力

意志力，也可以理解爲「耐力」。一件事情的成功，創意與動機只是起點，堅持到終點，靠的是意志力。執行的過程中一定會有枯燥無聊和辛苦的部分，以及挫折、質疑……等種種考驗，都需要靠意志力撐過去，讓孩子從小理解「天下沒有不勞而獲的事」。

拉長欲望被滿足的時間

很多人沒有耐心，只想立即得到好處，目光短淺，無法執行長期的計畫，這與從小缺乏磨鍊有關。比方說，爲什麼孩子一不順心就會哭鬧？那是因爲父母在孩子年幼時予取予求。他一哭你就立刻滿足他的需要，結果養成了他利用哭鬧來達到目的的習慣。父母應該學習只要在安全範圍內，孩子越鬧，就越不要理他，讓他知道不能用這種勒索的方式達到目的。

但也不能用打罵的方式管教小孩，孩子每次犯錯、哭鬧，就將他隔離在房間裡吧。但是在隔離之前要先讓孩子知道他犯了什麼錯、爲什麼必須接受這種懲罰，這些規範應該是日常生活中父母時時耳提面命的，不是因爲父母突然想到才冒出來的。房間裡不能有電視和玩具，房門不要鎖上，孩子沒了可以出招的對手，過一陣子就會安靜下來，此時再去跟孩子平心靜氣的溝通，如果孩子在溝通過程中故態復萌，就重複同樣的動作。

這也是讓孩子練習如何控制自己的情緒，知道要耐住性子，並學會理解、配合他人、與現狀妥協。父母絕對不能讓步，即使是吃飯時間到，就把飯送到房裡放著，如果他堅持不吃，那就放在那裡等他餓到受不了總是會吃的。

如果欲望出現的當下就立刻被滿足，孩子自然無法學會忍耐和自制，也不了解取得這個代償需要付出的精力和心神。他會不擇手段，只爲了立即滿足自己的需要，也無法學會珍惜。

孩子在求學的過程中，一定會遇到不喜歡的科目，或是讀起來覺得枯燥乏味的科目，如果無法耐住性子，只想讀那些馬上就能取得好成績的科目，遇到需要吃苦的科目就逃避或拒絕，就會養成好逸惡勞的習性。**有些孩子沉迷於電動玩具，就是因為對「立刻得分」這件事上癮，做其他事情缺乏這種當下的成就感，他就不願意去做。**

耐力是「磨」出來的，父母要陪著孩子，慢慢的拉長欲望被滿足的時間。比方讓孩子讀一本有點難度的書，孩子一開始可能會看一看就想要放棄，此時要給他一點誘因：看完這一章，就可以吃點心或出去玩；或是用新學的單字寫成半頁文章，就可以得到某種他想要的事物，諸如此類。

從運動中獲得成就感

運動也是培養意志力的好方法，體能上的進步是最「有感」的，昨天跑十分鐘就氣喘吁吁、全身痠痛；今天跑十分鐘卻輕而易舉，還可以再多跑五分鐘。孩子在這個過程中，自然就會產生成就感，有了成就感，就會有持續下去的動力：「我一定要持之以恆、越練越好！」

關鍵三：自信心

這一點是最重要的，有自信的人，才會有企圖心，敢做更偉大的夢。之所以會認爲「自信心」最重要，是來自於我小學時代學英文的經驗。我從小學四年級入學時什麼都不會的狀態，一直到五年級時遙遙領先，而後遠勝土生土長的美國人，這讓我覺得自己什麼都做得到。這種態度的培養比補習班一味訓練考試技巧重要太多了，因爲人生不是只要應付眼前的考試而已，而是要不斷克服各種困難。

從做家事中增加自信

讓孩子相信自己有能力做到任何事，他就不會逃避閃躲，且勇於面對任何挑戰。

「去做」和「裹足不前」，在起跑點就決定了勝負。

在幼兒階段，父母可以讓孩子先從參與家事開始，在孩子完成時，大力讚美，建立成就感。隨著孩子年齡增長，給他的任務也要越來越難，配合即時的獎勵和肯定，孩子的自信心也會隨之增加。重點是必須讓孩子獨力完成整個過程，父母不能幫忙。孩子做得好，要即時鼓勵；做錯了，以平常心跟孩子討論，一起檢討如何改進。父母可以擔任智囊或參謀的角色，在事後討論時提出其他建議方案，讓孩子去比較、分析並吸收父母的經驗。之後可以再給他類似的任務，看看孩子是否已吸收父母的建議並應用出來。只有經過這樣的過程，讓孩子從小習慣獨力完成任務，長大後才會靠自己的意志力讀書、做事。很多父母擔心孩子做不好，凡事搶著替孩子做，無論大小事都要下指導棋、替孩子做決定，就會養成孩子依賴、被動、不負責任的習性。

要養成一個自動自發的孩子，就必須從放手、讓孩子學習獨立開始。

給孩子一個「超齡任務」

這裡提供父母一個讓孩子更有自信的小祕技，給孩子的任務可以是超齡的，讓他知道自己的能力比想像中強得多。前面有提到，我八年級的時候，以十四歲的年齡修讀大學課程，最後拿到A，贏過了班上九〇％的大學生。這個經驗對我的影響很大，它讓我相信，只要認眞做好每一個細節，什麼遠大的目標都可以達成。

另一個例子是在我小學時，每當我媽很忙不在家，我就要幫忙付帳單。在美國，帳單會寄到家裡來，收到後以支票支付。我必須負責收帳單，在支票上填寫客戶號碼、金額等等，並將這些資料記錄在帳簿中。能夠處理這些事情，對我來說很有成就感，它讓我產生自信的原因是，一般人認爲只有大人才能做的事，我也做得到！所以我認爲，**讓孩子做大人的工作，有時反而可以增加孩子自信心，也會因此產生責任感。**

和孩子一起運動，試著挑戰大人體能

運動也是讓孩子建立自信的途徑。我小時候很喜歡騎腳踏車，大概六歲時，我就用大人的腳踏車自己練習騎。成功學會的那個瞬間，得到莫大的成就感：「我這麼小一個小孩，居然可以成功駕馭大人的腳踏車，我好厲害啊！」這就是一種自我挑戰的成功。

大人和孩子們一起運動，往往在速度和耐力上都比不過精力充沛的孩子，不管是跑步、爬山、爬樓梯，可能沒多久就氣喘吁吁，而孩子早已跑得遠遠的。此時孩子就會從中體會到自己其實也有強的一面，大人不一定是絕對的強者，只要多堅持一下下，就能夠贏過大人。

學習程式語言

另一方面，可以讓孩子從小學習程式語言。寫程式通常是只有大人才會做的事，但程式語言其實就是另一種語言學習，只要掌握一定程度的基本語法，就可以創造出自己的應用軟體。孩子若能從小學會這個技藝，不管學得好不好，正因爲這通常是只有大人才會的技能，他就會因此感到自己很有能力。科技的持續進步是必然的趨勢，學會寫程式、練習設計應用軟體，在未來絕對是基本技能。若孩子很小就學會如何編寫應用軟體，懂得藉由操控電腦達成自己的目標，也可以更從容的面對這個變化快速的世界。

關鍵四：領導力

當孩子擁有自信心，就可以更進一步培養孩子的領導力。自信心是領導力的基礎，美國大學的申請一定會看你有沒有擔任社團幹部或領導者，所以，是否能被好的大學錄取，這方面的能力是很重要的。

鼓勵孩子擔任小隊長的角色

領導者就是要懂得怎麼管理人，對於人際間的應對進退拿捏得當，才能讓人信服、並聽從指令。培養孩子的領導力，就是增加孩子在社會上的競爭力。領導力的應用範圍非常廣，小則帶領一組團隊舉辦活動，大則擔任企業的負責人，如果希望孩子未來能夠成爲「成功人士」，就一定要培養領導力。

在動物界，弱肉強食是自然定律，人的社會也是一樣，可以簡單的劃分成兩種群體：一種是領導者，一種是跟隨者。具有領導特質的孩子，因爲懂得種種人際互動的技巧，知道如何化解衝突，也知道如何運用群體的力量達成目標，比較不會成爲被欺凌的弱者。

在孩子的成長過程中，有很多場合可以訓練領導力。例如，組一個足球隊，玩一場遊戲，父母可以試著引導孩子在團體中主動、積極的表現，讓孩子練習擔任隊長，去組織團隊、分配工作並規畫戰術。只要你的孩子能讓三、四個隊員願意聽他的想法、形成一個團隊，就可以通力完成很多事情。至於孩子要怎麼做，才能讓團體中的其他孩子願意接受指令呢？這就要靠父母平時下的功夫，持續讓孩子接觸、了解各種不同領域的事物，包括觀察人與人之間的互動等都是基本的培養。

以足球爲例，平常就帶著孩子看球賽，讓孩子了解比賽規則及戰略運用。當孩子在足球隊中擔任領導者時，對於眼前的挑戰已具有初步的認知，也可能比其他孩子更有機會發揮他的知識，分析情勢，並提出具體的作法建議。只要他的構思具有說服力，別人就會試著聽從他的想法去做，如果團隊因此獲得成功，你的孩子就會對於擔任領導者一職，更有自信和成就感，之後面臨更大的挑戰時，就會更勇於挺身而出。

發揮個人魅力與人拉近距離

領導者有個很重要的特質，就是「個人魅力」。這種力量會吸引其他人相信他、追隨他。個人魅力體現在很多方面，長相並不是先決條件，關鍵是「自信心」。而面對人群的自信，體現在內在知識的充實、談吐舉止的修養，尤其是幽默感的展現。

人與人相處，難免會產生摩擦，碰到這種尷尬、緊張的場面，有時可以用開玩笑的方式化解，有時則必須堅持自己的想法，並想辦法說服其他人，這就是ＥＱ的大考驗。以兒童常見的校園霸凌事件爲例，亞洲人的體型普遍比歐美人來得矮小，台灣的孩子常因此被欺負，我自己也遇過類似的情形，因爲看起來體型弱小好欺負，就被同學惡意嘲笑。此時絕對不能默默承受，勇敢表達「我要爲自己站起來」的意志是很重要的，但盡量不要以暴制暴，以免受到更嚴重的傷害。

幽默者為主

關鍵應對技巧就是幽默感。碰到這類糾紛時，先鼓勵孩子讓他相信可以靠自己解決問題，進而教孩子一些自嘲、開自己玩笑的技巧。有一句玩笑話：「認眞就輸了」，其實滿有道理的，人際關係就是這樣，太嚴肅的跟人計較，往往會讓衝突加速爆發。懂得用開玩笑的方式轉圜是很重要的，如果被對方一激，就擺出受傷、生氣的表情，無疑是暴露了自己的弱點，對方便會開始抓著這個弱點拚命攻擊。如果對方取笑你的孩子眼睛小，你可以教孩子這麼回答：「對啊，我的眼睛好小喔，因爲我爸媽的眼睛只有一條線呀，我也沒辦法啊哈哈哈～」如果孩子懂得用這種方式化解攻擊，對方就會知道你不會輕易被擊垮，當對方發現你不受影響，自己反而覺得無聊，自然會中止這種行爲。而且，當其他孩子發現：「哇！你遇到這種情況竟然不會被擊倒耶，好厲害！」他們自然就會往你這裡靠攏。兒童的社會是依附強者的，那些發動攻擊的人，出發點也是因爲想要當強者，所以會攻擊身邊看似弱小的人，藉此展現自己的強大，吸引其他人的依附。

此外，四兩撥千斤，化解對方的敵意，也是一種化解衝突的作法。對於帶頭欺負我的同學，我會在他需要幫助時拉他一把，不需要太刻意，這樣做往往就能讓他因爲不好意思而對你改觀了。

以前在學校，我不會特別避開這些小霸王，而是以平常心對待，也會和他以及其他同學一起說說笑笑。例如，當某位老師讓班上同學都很受不了時，我就會和他們一起抱怨這位老師，讓這位欺負我的同學知道，我們其實也有共通點。化解成見最好的方式，就是眞正的認識彼此，這個過程需要智慧、韌性和時間，所以要盡量讓孩子習慣從小與人互動，了解人性，才能掌握相處的技巧，學會經營自己的朋友圈。

掌握校園風雲人物的特質

注重外型也可以增進個人魅力。除了乾淨整潔，也要懂得觀察時尙的變化。尤其是青少年，對於外表非常在意，掌握時尙的人往往會成爲校園人氣王，而造型土氣的，常會受到冷落或嘲笑。我剛上中學時不懂得這個道理，常常被取笑，但後來學會抓頭髮、改變穿著打扮，人際關係竟然就開始好轉。

當然，鍛鍊身體也是增進個人魅力的有效方法，健康強壯、有運動習慣的人，看起來朝氣蓬勃。如果在體育方面有亮眼表現，也很容易成爲群體中受矚目的領導者，像是籃球隊隊長、足球隊隊長之類的人物，通常也是校園裡的風雲人物。

在這個過程中，父母也要小心不要讓孩子走歪路交上壞朋友。幫孩子篩選他所處的群體，讓孩子參加科學社團、童子軍，如果家中有宗教信仰，也可以參加像是教會的青年團契、佛教的青年團等等，但要避免太過迷信。

關鍵五：自我管理

要達成遠大的目標，堅強的意志力自然不可或缺，但與此相輔相成的，是依時間制定進度計畫、確實執行的能力，也就是自我管理。自我管理的能力可以從兩方面來談，一是時間管理，一是金錢管理。

時間是人們最基礎的資本，如果孩子對時間的使用效率有概念，就會知道怎麼管理自己的生活、爲目標制定計畫、依輕重緩急分配時間，將注意力放在重要的事情上。

世界上沒有做不到的事情，差別只在於願不願意花時間去做，只要花得時間夠多、功夫夠扎實，就一定會成功。時間規畫的方法，會在下一章中詳細介紹。

了解每一塊錢所能發揮的價值

自我管理也包括對錢的管理。俗話說「時間就是金錢」，如果說時間是無形的資本，金錢就是具體的資本，**若孩子懂得透過時間的管理，讓每一秒發揮最大效益，他就會明白，每一塊錢所能發揮的價值，都可以遠遠超過帳面上看到的數字。**

一定要讓孩子對金錢有概念，我的母親在這方面做了很好的示範，如果我們想買某樣東西，她會讓我們自己想辦法打工賺取，這樣孩子就會了解，想要得到多少，就必須付出多少的努力。在社會上要成功也是一樣的，要搞清楚錢是怎麼進出、流動的。很多人嚴重負債，是因爲不理解什麼叫做「代價」。要讓孩子知道，買一杯咖啡，和買一輛腳踏車，代價是不一樣的。他必須學會用自己的勞力付出來衡量，兩者的差別究竟是什麼。若不放心孩子在外頭打工，讓孩子做家事也是一種方法，和孩子約定好，完成多少家事才可以獲取某種報酬，讓孩子知道代價的重量。

我在美國看到很多小留學生，父母怕小孩在國外吃苦，給孩子太多錢，帳戶裡隨時都有十幾萬美金可以花用，當他們長大後繼承家業，因爲不知道每一塊錢背後負載了多少父母的血汗，便很容易敗光家產。

提升孩子的EQ，就是幫孩子啓動前述的這五種關鍵。這五種關鍵必須在十二歲之前發揮力量，只要擁有這些能力，不論是身處青春期的狂飆，還是面對大考的焦躁、人生抉擇的徬徨，父母都不需要太操心，因爲孩子早已懂得爲自己設立目標，並掌握了達成目標的方法，知道什麼是自制，也有判斷力去區分輕重緩急。

提升ＥＱ，最重要的是讓孩子學會怎麼待人處世、應對進退。知識的充實與學業成績雖然重要，但**一個人是否會成功，不在於他的學養有多豐富，而是他懂不懂得待人處事**。這些能力需要父母帶著孩子，親自參與人群，並觀察、討論發生在週遭的人與事，才能讓孩子從中累積出自己的經驗，未來遇到類似的狀況，就知道怎麼應變。

ＥＱ是求生存的能力，也是追求卓越的能力，只要ＥＱ夠高，孩子不需要把自己訓練成超級天才，卻可以帶領一整群天才去創造時代，成就比天才更非凡！

第四章

從目標前開始倒數的時間管理與計畫

給父母的話

不用等到孩子上中學才開始教他怎麼做計畫，從孩子會寫字開始就可以幫他建立一個觀念：「只要我花的時間夠多，就可以達成所有看似困難的目標。」

前一章提到了時間管理的重要性。這一點也需要父母以身作則，父母重視時間、做事專注，孩子耳濡目染，自然會將之內化。勤有功，嬉無益，時間使用如果缺乏效率，就是在浪費生命。人難免會怠惰，偶爾也需要放鬆和休閒，但必須控制在規畫好的時間範圍之內。

我以前都會跟我的家教學生說：「你一定可以考高分，只要願意花時間。」勤能補拙，上帝最公平的設計，就是讓每個人一天都只有二十四小時，贏家與輸家的決勝點，就是看他怎麼「用」這二十四小時。天資聰穎的人，也許只花五分鐘就可以拿到A，你的孩子反應也許比較慢，同一件事需要花五小時，或五十個小時，但這有什麼關係？提早準備，按照進度扎實的練習，越不擅長的科目，需要花的時間就越多。只要記住一點：沒有做不到的事，關鍵只在於願不願意投入時間去努力。

有句話是這麼說的：「你的時間花在哪裡，成就就在哪裡。」

有的人天生聰明反應快，可以像照相機一樣，把要吸收的知識在腦中瞬間記錄下來。不用羨慕他們，越聰明的人往往越懶得下苦功，因爲他們反應敏捷、悟性高，很快進入狀況，但這種「領先」往往也是怠惰的開始，接下來進入辛苦磨練的階段，他們就會覺得無趣，耐不住枯燥而選擇放棄。良好的意志力和耐力得從小培養，如果你的孩子很聰慧，耐力可以讓他攀上成功的巔峰；如果孩子資質較平庸，雖然一開始的表現比較平凡，但只要下的功夫夠深，時間久了，一樣能達到目的，甚至比天才更傑出。

天賦只是讓人在起步時能快速掌握要領，「淬鍊」才能涵養出深度與實力。

強烈的動機，讓孩子主動為人生做出計畫

二十多年前，我還在念高中的時候，有個台灣孩子剛移民到美國，他當時的英文程度大概只有小學生的水準，卻必須應付中學程度的課業與考試，相當吃力。他的爸媽很焦急，便找我去擔任他的家教。我還記得當時這個孩子是這麼說的：「面對這些課業，我覺得自己像是沉在游泳池的池底，被淹沒了。」

我跟他說：「你一定可以克服的，而且可以考得比別人更好，重點是你要花時間。你的所有課餘時間都要花在這件事情上，包括週末和所有假期。只要用對方法、腳踏實地的念書，一定會做得比別人更好。」

但這個孩子一開始並沒有很強烈的動機想加強自己的英文，學習態度也不太積極。大人對於孩子的被動往往缺乏耐性，情緒一上來就直接指責孩子懶惰，卻忽略了一件事：孩子面對挫折時其實是手足無措的，甚至只能逃避

壓力，被動的等待別人來幫他解決問題。大人必須很有耐心，一步步引導孩子，跟孩子好好溝通，找到問題的癥結，進而協助孩子確立目標，一起思考改進的辦法。

動機一：曉以大義

以這個孩子爲例，他的家庭經濟情況比較不寬裕，在跟他聊天的過程中，我問他：「你爸媽好像每天都很辛苦工作到很晚？」

他回答：「對呀，爸媽眞的很辛苦，我也很想幫爸媽的忙。」

我說：「你知道他們付給我一小時多少錢嗎？」

孩子搖搖頭。

我繼續說：「他們付給我一個小時二十五塊錢美金。你有沒有想過，他們一天賺多少錢？你知道他們爲什麼要花這麼多錢爲你請家教嗎？如果你沒有努力的話，是不是會對不起爸媽？他們認眞工作，你的責任就是認眞讀書，對不對？」

這是利用「罪惡感」來引導。不要一開始就責怪他不懂事，孩子不懂事，是因爲大人沒有教。盡量以正面、客觀的方式引導，讓他反省自己是否確實不夠努力。

我也明確的讓他知道，上家教課的時間很有限，每週只有二～三次，每次一小時，一定要好好把握，在我來之前做足準備，已經講過的學習目標都要確實完成，不要浪費彼此的時間，也不要浪費爸媽的血汗錢。後來，這個孩子最強的科目就是英文，並且考上了加州的名校柏克萊大學，順利成爲一流的工程師。

動機二：「難」就用時間來換

前面曾說過，不要擔心「難」。我不是超級天才，但八年級的我也可以在大學課程中拿到Ａ，證明了課程的難易與孩子的年齡無關，問題是孩子願不願意耐著性子、多花時間去理解，好好的預習、複習。事先預習，把不懂的地方標起來並查資料，做足充分的準備，上課時就能輕而易舉的聽懂老師的講解。

必須讓孩子從小建立一個觀念：「只要我花的時間夠多，就可以達成所有看似困難的目標。」孩子對自己的能力有自信，無論是什麼目標，都能夠主動去規畫、安排，往目標邁進。

成功的關鍵在於確實執行計畫的意志力。意志力來自強烈的動機，以這位家教學生爲例，讓他理解自己的責任，他就會明白「把英文弄好」這件事沒有絲毫退縮偷懶的空間，必須奮戰到底。

如果孩子的意志力夠強，根本不需要送去補習班。老實說，補習班只是讓你有個錯覺，以爲自己好像有爲了這件事情在努力，但實際上坐在那裡打瞌睡、打電動的大有人在，只是跟著老師瀏覽課程內容，如此而已。每個學生需要破除的學習障礙都不一樣，大班教學不是最有用的。與其花三個小時坐在補習班的教室裡自我安慰：「我有花時間在這一科上哦！」對於意志力堅定的孩子來說，這三個小時其實可以完成更多有意義的事情。

以六年為單位規畫人生進度表

既然計畫這麼重要，那要怎麼做呢？

我是從中學才開始用時間規畫表來安排生活作息。為了能夠申請上哈佛，我必須根據申請書上列出來的項目，全面性的去做準備。哈佛錄取的學生，不只是學業成績頂尖，在體育、音樂、志工、各種競賽……等各方面的表現，都要很優秀，想靠這些表現加分，每個項目都得持續進行三至四年培養才行。這表示，在我中學階段，每天都得進行這些活動，扣掉上課、寫作業、念書的時間，爲了讓時間的使用效率最大化，就必須依賴嚴密、精確的時間計畫表。

利用計畫表讓我獲益良多。我的建議是，不用等到孩子上中學才開始教他怎麼做計畫，會寫字的時候就可以教他了。父母也要以身作則，爲自己的職涯發展、工作進程制定階段性計畫，和孩子一起「規畫」，並在過程中和孩子一起分享實行的心得，互相激勵。

我建議以「六年」作爲計畫的基礎。如果有重大目標，不管是想在台灣或中國大陸進入頂尖大學，或是去國外留學、考取證照等，最好是五至六年前就開始規畫，這樣才有足夠的時間準備。通常學制的規畫也是以六年爲單位，小學六年、國中和高中共六年、大學加研究所六年……諸如此類。每個人生階段基本上都可以用六年來規畫。舉例來說，我在小學六年級時決定未來要進哈佛大學，眼前最大的門檻就是五年後的SAT，要拿到將近滿分才能贏過其他競爭者。於是我買了一本《5000個最難字彙》，立志要整本背起來，遇到生難字就不怕被考倒。當時心想：「我有六年的時間，怎麼可能背不起來呢？」從那時開始我就把背單字當成是和自己的一場競賽，養成每天利用時間背單字的習慣。

為了達到目標，我要求自己，中學階段，一定要做到每科成績都很優秀，因此絕大部分的時間都花在「學習」這件事上。

「動機」是孩子願不願意花時間在一件事情上的關鍵，我的動機是「拿到比別人更好的成績」，只要做到這件事，我就會覺得很開心，這種「想贏」的心情，是支持我堅持下去最大的動力。

學習無法一蹴而就，一定是日進有功的。每天努力一點點，長期下來才會有收穫。面對越弱的科目，準備的時間就要拉得越長。如果發現原本預計的時間不夠，就把執行計畫的時間延長，堅強的意志力是長期抗戰的基礎。

利用牆壁，時時提醒

先把想要達成的夢想寫出來，比方：「我要上哈佛！」把它貼在牆壁上，時時刻刻提醒自己，作爲敦促自己的力量。一定要貼在一抬眼就看得到的地方，這樣才有效果。

計畫表也是一樣，一定要放在很顯眼、隨時看得到的地方，記在手機或電腦裡是沒有用的。雖然手機或電腦會跳出提醒通知，但與其被動的等它提醒，不如將之圖像化，整理、規畫的同時，也在腦中組織成一個全面性的大計畫。完成後把圖表貼在顯眼處，眼睛一瞥就有提醒的作用，這種提醒不只是提醒自己哪些事情還沒做，也提醒我們現階段的人生重心是什麼。

設定目標之後，我習慣準備三種規畫表：年計畫、月計畫、日工作清單（To do list）。年計畫完成後可以放在抽屜裡，每年拿出來檢討；月計畫則貼在牆上；而每天睡前整理隔日的待辦事項清單，則放在桌上。重點在於，一定要放在隨時可以看見、最顯眼的地方，才有提醒的功效。

年計畫表

這是把大目標切分成小目標、「化整爲零」的第一步。

先標出大目標

製作年計畫表，可幫助自己整理出大方向，以大學入學申請爲例，會有這幾件事情需要注意：

- 目標學校要採計哪些科目？
- 這些科目需要達到的成績？
- 需要哪些校外表現？
- 每一種校外表現有多少關卡要突破？各需要多少時間？

將所有會被納入審查的項目都列出來，以五至六年爲單位來分配，每年需要達成哪些目標？在哪個月份達成？都要在年計畫表中用箭頭線段標示出

年計畫表

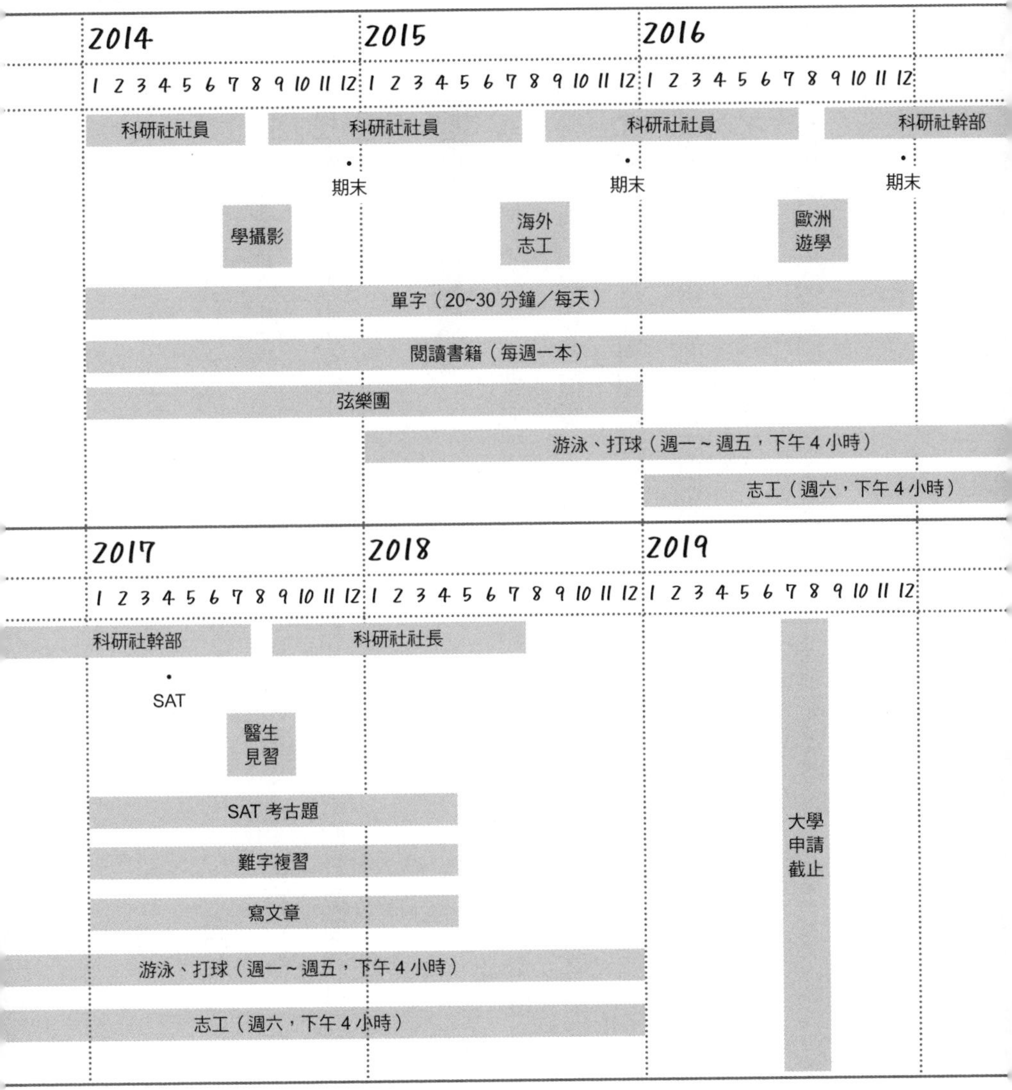

2014
2015
2016
1 2 3 4 5 6 7 8 9 10 11 12
科研社社員
科研社社員
科研社社員
科研社幹部
期末
期末
期末
學攝影
海外志工
歐洲遊學
單字（20~30 分鐘／每天）
閱讀書籍（每週一本）
弦樂團
游泳、打球（週一～週五，下午 4 小時）
志工（週六，下午 4 小時）
2017
2018
2019
科研社幹部
科研社社長
SAT
醫生見習
SAT 考古題
難字複習
寫文章
游泳、打球（週一～週五，下午 4 小時）
志工（週六，下午 4 小時）
大學申請截止

來（如上頁年計畫表，可依各自需求填入不同計畫）。

比方說，如果我是一個小學六年級的學生，今年是二〇一四年，二〇一九年的九月至十一月，要遞交大學入學申請書，而SAT則是二〇一八年四月，我就在計畫表中先標出大學入學申請和SAT這兩個最重要的目標。

分項落實並預估時間

標完大目標，接著就要思考，我要申請的學校重視哪些表現？社團、運動、藝術、社會服務和各種獎項，每個項目都一一在計畫表中標出來不能遺漏。以社團爲例，我的興趣是科學，如果要跟其他人競爭名校，我一定要當上科學研究社的社長，而且要率領小組在科展中得獎。社長的任期是一年，當社長之前至少要先當一年幹部，在幹部之前則是社員。因此，至少要有三年左右的時間去累積這個資歷，這三年可能每週都要撥四～六小時的時間參與社團活動。

運動的部分，則計畫從二〇一五年開始參加游泳隊和水球隊，校隊的練習是週一至週五每天下午四小時，需要持續至少三年。美國的大學很重視每項活動的持續性，只有蜻蜓點水點到爲止是不被承認的，必須持續二至三年以上才算數。

音樂的部分，我正在弦樂團擔任小提琴手，這個活動預計持續到二〇一五年年底，接下來要把時間挪給社會服務，擔任志工，而志工的工作要持續到高三，累積滿三年。

暑假時間最寶貴，因爲平時必須全力應付學校的課業，很多事情不能做，只能把握暑假去發展自己特殊的競爭力，學習與衆不同的技能。比方要到海外遊學、擔任海外志工，要去哪個國家？爲什麼要去這個國家？要去多久？對自己有什麼幫助？如果要去歐洲、南美，是否需要學第二外語，取得語言檢定？這些事情都要想清楚，並把它排進計畫表。

再來是大考的準備，哪個階段要背單字？哪個階段要複習難字？哪個階段要練習寫考古題、累積閱讀能力、練習寫作文……以大方向為原則一一排進計畫表，同時評估每件事情需要花多少時間，頻率是每週？還是每天呢？需要花幾小時？抓一個大概的數字，標註在事項後面。

同一階段不能安排太多計畫

由於對每件事要花的時間大致心裡有數，安排的時候就要注意把這些事項錯開。雖然說一天有二十四小時，但扣掉睡眠、吃飯、交通、上課，其實剩下的時間非常少。同一個階段中不能重疊太多線段，必須錯開，排完線段之後，孩子就會發現，想做、必須做的事情其實非常多，但自己能運用的時間又非常有限。

年計畫表的目的是幫助我們將目標具體化。我們常常被時間點誤導：「啊，這件事要六年以後才會發生，這麼遠的事情不用現在想啦！」但只要開始做計畫，就會發現時間根本不夠用，必須立刻著手進行。

完成後，這份年計畫表可以先放在抽屜裡，每年十二月，也就是一年結束之前，再拿出來檢討實際的執行狀況，藉以調整之後的年計畫。

月計畫表

以三個月份爲大單位、每一天爲小單位，去計畫這三個月中每一天有哪些重要事項要完成。

根據課程進度和考試日期規畫

比方十月三十～三十一日要考期中考，十二月一～七日要參加科展，每個週六要練絃樂團，週日要開社團會議、準備材料等等。在美國，老師會在開學時公布教學進度，讓學生知道這門課的進程。我們可以根據進度表和考試日程，規畫課程的預習、複習進度，把每一科都寫在計畫表上，每天念哪幾科、什麼範圍、要花多久時間，統統寫清楚（如下頁月計畫表）。

如果老師沒有公布教學進度表，除了直接去問老師，也可以去問學長姊，探聽一下這位老師習慣怎麼安排課程，盡早掌握課程進度。

預習＋複習，充分掌握「黃金效率期」

預習新的、複習舊的，這個觀念很重要。

人的記憶力有「黃金效率期」，唯有經過不斷的複習，才能長久的、真正的把學到的東西變成自己的，形成長期記憶。做計畫時，預習和複習要分開，新進度和複習進度都要排進計畫表，才能發揮最大的效果。比方英文要念兩個小時，第一個小時是複習已經上過的內容，第二個小時是預習新的範圍，這些範圍都要制定清楚，才能夠確實掌握自己的進度。

除了每天的進度，期中、期末考前，要特別安排總複習的時間。覺得特別難的科目，就要預留更多時間，甚至要將週末留給這些科目加強複習。

月計畫表

10 月

★寫上實際在各科目花的時間，分析並檢討浪費的原因和所花時間。

日期	計畫
1~3	單字 1~100 30 分鐘／每日
1~3	數學 L1 1 小時
1~2	物理 L1 30 分鐘
1	英文 L1 1 小時
4	弦樂團 2 小時
5	社團 2 小時
6~10	單字 101~200 30 分鐘／每日
8~10	數學 L2 1 小時
6	歷史 L3 30 分鐘
8~9	物理 L2 30 分鐘
7~8	英文 L2 1 小時
7	化學 L1~L2 1 小時
10	化學 L2~L3 1 小時
11	弦樂團 2 小時
12	社團 2 小時
13~17	單字 201~300 30 分鐘／每日
15~17	數學 L3 1 小時
13	歷史 L4 30 分鐘
15~16	物理 L3 30 分鐘
14~15	英文 L3 1 小時
14	化學 L3~L4 1 小時
16	化學 L4~L5 1 小時
18	弦樂團 2 小時
19	社團 2 小時
20~24	單字 301~400 30 分鐘／每日
22~24	數學 L4 1 小時
20	歷史 L5 30 分鐘
22~23	物理 L4 30 分鐘
21~22	英文 L4 1 小時
21	化學 L5~L6 1 小時
24	化學 L6~L7 1 小時
25	弦樂團 2 小時
25	數學 L1~L4 3 小時
25	歷史 L1~L5 3 小時
26	社團 2 小時
26	英文 L1~L4 4 小時
27~29	單字 401~460 30 分鐘／每日
27	歷史 L6 30 分鐘
28~29	英文 L1~L5 1 小時
27	化學 L7~L8 1 小時
30~31	期中考：國文 英文 地理 生物 數學 歷史 化學 物理
31	化學 L7~L8 1 小時 1 小時

註：表中 L 表示必須複習的課別

11月

1 2 3 4 5 6 7 8 9 10 11 12 13 14 15 16 17 18 19 20 21 22 23 24 25 26 27 28 29 30

弦樂團 2小時

社團 2小時

單字 461~560 30分鐘／每日

弦樂團 2小時

社團 2小時

單字 561~660 30分鐘／每日

弦樂團 2小時

社團 2小時

單字 661~760 30分鐘／每日

弦樂團 2小時

社團 2小時

單字 761~860 30分鐘／每日

弦樂團 2小時

社團 2小時

數學 L5 1小時

數學 L6 1小時

數學 L7 1小時

數學 L8 1小時

物理 L5 30分鐘

物理 L6 30分鐘

物理 L7 30分鐘

物理 L8 30分鐘

歷史 L7 30分鐘

英文 L6 1小時

歷史 L8 30分鐘

英文 L7 1小時

歷史 L9 30分鐘

英文 L8 1小時

歷史 L10 30分鐘

英文 L9 1小時

化學 L9~L10 1小時

化學 L10~L11 1小時

化學 L11~12 1小時

化學 L12~L13 1小時

化學 L13~L14 1小時

化學 L14~L15 1小時

化學 L15~L16 1小時

化學 L16~L17 1小時

12月

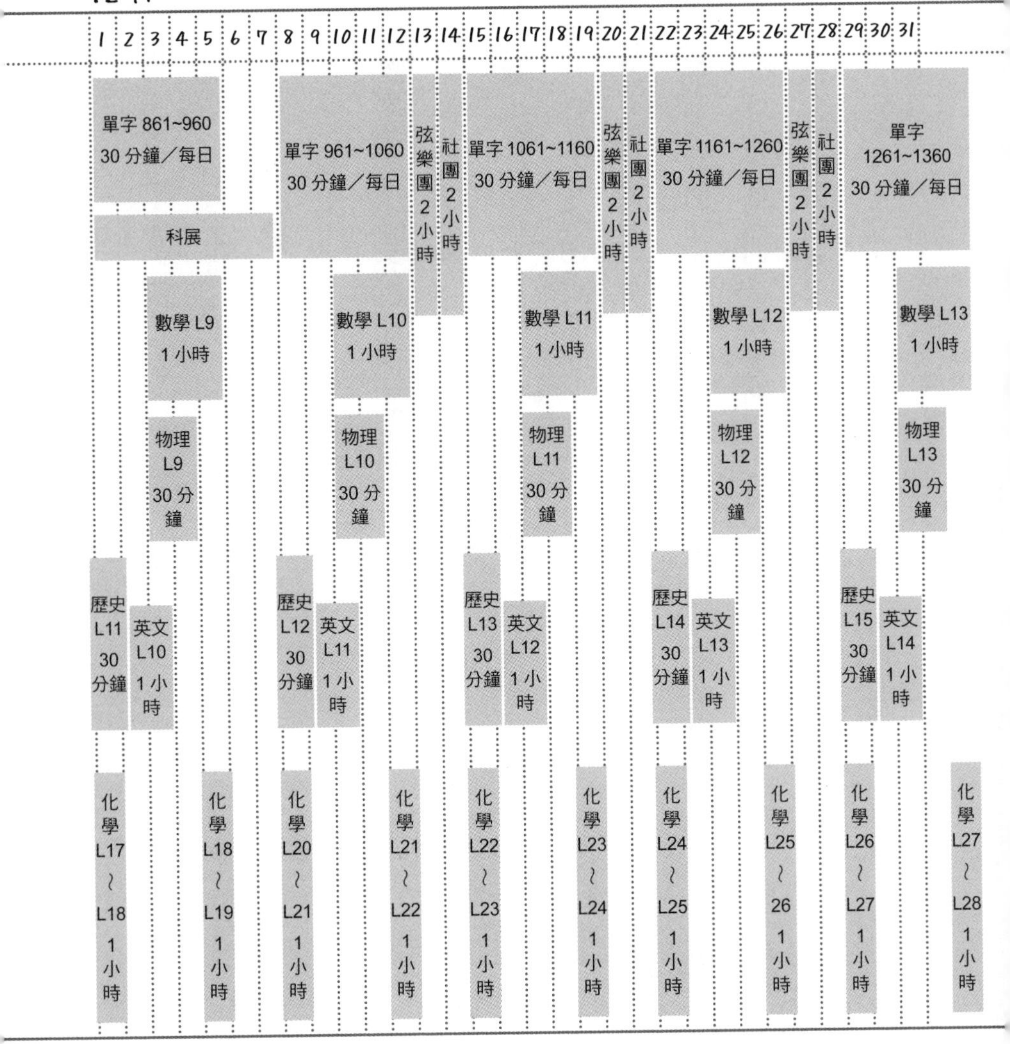
1 2 3 4 5 6 7 8 9 10 11 12 13 14 15 16 17 18 19 20 21 22 23 24 25 26 27 28 29 30 31
單字 861~960 30 分鐘／每日
科展
單字 961~1060 30 分鐘／每日
弦樂團 2 小時
社團 2 小時
單字 1061~1160 30 分鐘／每日
弦樂團 2 小時
社團 2 小時
單字 1161~1260 30 分鐘／每日
弦樂團 2 小時
社團 2 小時
單字 1261~1360 30 分鐘／每日
數學 L9 1 小時
數學 L10 1 小時
數學 L11 1 小時
數學 L12 1 小時
數學 L13 1 小時
物理 L9 30 分鐘
物理 L10 30 分鐘
物理 L11 30 分鐘
物理 L12 30 分鐘
物理 L13 30 分鐘
歷史 L11 30 分鐘
英文 L10 1 小時
歷史 L12 30 分鐘
英文 L11 1 小時
歷史 L13 30 分鐘
英文 L12 1 小時
歷史 L14 30 分鐘
英文 L13 1 小時
歷史 L15 30 分鐘
英文 L14 1 小時
化學 L17 ~ L18 1 小時
化學 L18 ~ L19 1 小時
化學 L20 ~ L21 1 小時
化學 L21 ~ L22 1 小時
化學 L22 ~ L23 1 小時
化學 L23 ~ L24 1 小時
化學 L24 ~ L25 1 小時
化學 L25 ~ 26 1 小時
化學 L26 ~ L27 1 小時
化學 L27 ~ L28 1 小時

複習的方法，要把握「專注、快速、高頻率」的原則，最忌諱盯著一個東西看很久，如果不專注，盯再久都沒有用，這與腦的神經元連結有關，我會在下一章詳細介紹。

週末時段是計畫表上的最佳捕手

計畫表中要特別標出週末。週末是一個週期的終結和開始，時間也比較完整。除了課外活動，其他時間就留給需要加強預習、複習的科目，如果週一至週五有來不及完成的進度，也要在週末安排一段時間，把進度趕上。

如果學校有固定的例行作業，比方每週一要交一篇作文，從找資料到寫完，可能需要耗時至少二至三小時，甚至更久，就必須將這件事排進週末的行程中。碰到這種需要依賴電腦的作業，要記得預留彈性空間，碰到電腦出問題、找不到印表機或網路斷線等突發狀況，才有餘裕應變。

原則上和年計畫表一樣，同一個時間帶不可以重疊太多事項，否則會做不完。這個表可以讓我們在宏觀的視野下，把要做的工作細項錯開。

從瑣事中找出時間空隙

盡可能從瑣事中擠出時間，如：等車、通勤、上廁所，都可以偷到空檔來念書。像是背單字這種每天都要做的事，我就利用上廁所的時候做。或是從其他可能的場合擠出時間。記得我高中時，游泳隊參加校際比賽，在等候區等待上場之前，其他學校的隊伍玩鬧成一團，只有我們學校的隊伍特別安靜，每個人都在認眞念書、寫作業。這種時候也是可以擠出時間來的，只要體認到時間的珍貴，就會想辦法把握。

也可以利用以小時爲單位的表格來輔助，從早上六點到晚上十一點，每個小時要做什麼，一一塡上去。每天結束時，寫下實踐的實際狀況。如果預計要花一個小時讀物理，但實際上卻花了兩個小時才讀完，就要檢討爲什麼會變成兩小時？是分心跟朋友講電話嗎？還是內容眞的很難，一個小時根本不夠？將原因標明，持續觀察一兩週，如果確定一個小時不夠，就要調整計畫表，改成兩個小時。

施行兩三週後，如果發現有些拖延的進度就是沒辦法在短時間內趕上，就表示整份計畫需要調整。這一份表格每天都會用到，一定要放在牆上或書桌前才能發揮作用，提醒自己不要浪費時間。

日工作清單（To Do List）

這一份日工作清單要放在桌上，隨時隨地用來提醒自己，並放在隨手就可以塗畫、註記的位置。除了從月計畫表中抄下來的每日待辦事項，還要把生活瑣事都寫上去，並加上預計完成所需的時間。在紙上留一個區塊，寫上昨天做同一件事時，實際花費的時間。比方原本計畫每天要花一個小時讀物理，但昨天實際上花了一．二小時，就可以在欄位上寫下「物理1hr／1.2hr」，提醒自己可能在某些地方浪費了時間，或是原本的預估其實不夠，經過長期的追蹤、檢討，慢慢的，你的時間預估就可以抓得很準確。

一般的待辦事項清單是逐項條列、做完打勾。我的習慣是將事項、需要的時數同時寫清楚，每做完一件事，就把那一行槓掉。一定要用紙筆寫出來，槓掉的那個瞬間充滿快感，而這種成就感對於提升效率也很有幫助。

將清單放在隨時都會瞄到的地方還有一個好處，如果發現上頭還有很多事情沒做，就會加緊速度，專心提高工作效率；如果瞄到清單上的工作大部分都被槓掉了，就會很有成就感。

瑣碎的小事才是吞食時間真正的大魔王，所以要把當天要做的小事也註記清楚，比方媽媽交代要去幫忙買郵票、把阿嬤寄來的水果拿去阿姨家、提醒小華明天上課要記得帶水彩筆等，統統都要寫上去，而且每一項都要標明預計執行時間。時間一不留神就會溜走，看一下網路新聞、開一下社群軟體、跟朋友講一下電話……「哇，怎麼一下子就晚上十一點了？今天要做的事情都還沒做耶！」如果昨天晚上就已經把今天的待辦事項「根據可以運用的時間」寫下來，而且確實執行，不但不會遺漏，也可以避免這種「時間在不知不覺中溜走」的悲劇。

每日一張全新的清單

在一天的工作結束之後，就要把舊的清單拿開，爲明天重寫一張新的。每天寫，就會發現有哪幾件事情是自己始終沒辦法完成的，那就表示這幾件事情的進度規畫有問題，需要重新調整。這張紙每天都要更新，不要同一張紙重複用，待辦事項隨便記，結果清單越寫越長，就怎麼都完成不了，每次看到那張紙都會心情不好，好像事情永遠做不完，反而容易自暴自棄。

To Do List

日計畫表

事項	檢討
微積分 1hr	微積分1.5hr，30min講電話
英文單字15 mins	英文單字15 mins
物理 1.5hr	物理4hr，中間跟朋友傳line 20mins
歷史1hr	歷史1hr
購物+交通2hr	購物+交通3hr，塞車25mins（下次可改搭捷運，節省交通時間）

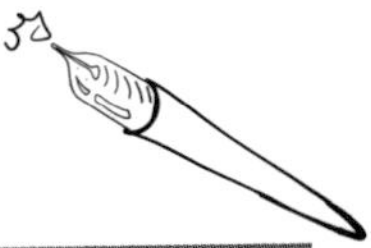

確實檢討，調整作法與計畫

當手中的時間表，每一格都清晰呈現它的「效能」時，就可以提綱挈領的抓住重點，知道自己要達到哪些目標、付出多少努力、需要在哪些方面多加把勁，也會知道還有哪些地方可以再擠出一點時間多做些什麼，比方利用通勤時間讀書、背單字之類的，或是把吃完飯後想睡覺的二十分鐘拿來練琴。

誠實面對自己，一一記錄每天花了多少時間完成哪些正事，或分心去做其他不必要的事，並依據檢討結果調整行爲和計畫表，務必使計畫表符合自己的需求與進度。從實際花費的時間長短，可以釐清有哪些科目特別不擅長，需要預留更多時間去準備。只要能確實掌握自己的學習狀態，不斷反覆加強預習和複習，要在這些科目上拿到滿分，是遲早的事。

我在醫學院曾遇到幾位同學，比起其他人，他們的反應較慢，但他們的醫師考試成績卻比我還高分，祕訣只有一個字：「勤」。舉例來說，有一門課每週上三天，一次的課程進度大約五十頁，這些同學在上課前，就把五十頁的內容幾乎都背起來，就算老師講解得很快，也能理解老師在講什麼，他們每天將所有的時間都投入在讀書上，最後也都拿到非常優秀的成績。

課外休閒時間也要規畫進去，人還是需要休息的，有效的調配、控制，就能預防為了逃避壓力而無限制的浪費時間。

事前規畫、事後檢討的這個作法，對於金錢的管理也完全適用，原本預計一天只能花一千元，為什麼變成花二千元？收集發票，仔細記帳，一一去分析造成落差的原因，就能整頓、解決這個原因。

我也將這種方法教給我的弟弟妹妹，二妹的時間管理做得非常好，她對金錢和工作的管理也很有一套。她現在是美國前五百大企業的專業經理人，工作繁忙之餘，還要照顧家庭和小孩，但她這種精於規畫、管理、分析的長才，讓她可以從容應對游刃有餘，不但將公司的成長與自己的職涯發展一步步往上推升，同時也將忙碌的生活過得井然有序。

智慧型手機是浪費時間的元凶

智慧型手機上的遊戲和社群軟體，是孩子浪費時間的元凶，也是浪費生命、弱化智能的頭號殺手。社群軟體內多半是無意義的閒談，尤其是中學生的社群，大部分聊天的內容是在用垃圾留言轟炸彼此。

社群軟體最恐怖的地方是「黏度」，自制力不夠強的人，就會整天沉溺其中，不停的滑螢幕，檢查有沒有動態更新，根本就無法專注做其他事。

當然，如果你從小就已培養孩子自我管理的能力，而且因為課程或某些不可抗拒的理由，一定要使用智慧型隨身裝置，那就給孩子一台平板電腦吧，起碼用起來不會這麼的隨興，或多或少可以降低孩子被干擾、分心的機率，不過還是盡量別安裝社群軟體，以免不慎沉溺其中。

第五章

讓大腦發揮強大記憶力的祕訣

給父母的話

每個人的大腦都內建了一個儲思盆，只要利用圖像來記憶，就可以記得又快又牢固。透過眼睛記起來的事物，會比透過聽覺更確實。

學習語言能幫助孩子全方位提升大腦效能，但是對華人的孩子來說，不論是學習國文還是英文，都是件苦差事，講到「語文」，直覺反應就是「死記硬背」，抗拒感油然而生。不只是語文，所有需要記憶的科目包括生物、化學、地理、歷史，彷彿都以「背誦」爲唯一途徑，這種學習法只是浪費時間，而且效益很低，甚至過目即忘。既然要花時間學這些科目，就要眞正的學起來，把它變成自己身體的一部分。要做到這一點，就必須用動態的方式學習，也就是讓大腦眞正的「用」這些知識，不能只是「大概記得」而已，要做到信手捻來怡然自得的地步。

最理想的狀態是，十二歲前讓孩子兼具中文、英文能力，且程度要能夠

看報紙、寫文章，同時要讓孩子看很多不同類別的書。

幫孩子突破「表達」的心理障礙

前面講過，學習的「動態性」，就是要用腦主動參與。學語言也是一樣，透過動腦組織不同的字詞，將想法「講出來」或「寫出來」。語言一定要「用」才能眞正的學起來。普遍來說，華人學生的英文程度，只能勉強應付閱讀，根本聽不懂，也沒辦法開口講。因爲沒有在生活中眞正地「用」英文。除了讀和寫，學校最多只讓學生做聽力練習，但如果只是單向的聽，在資訊接收的過程中，會跳過一些腦部區域的運作，這就不是完整的語文訓練。

華人的孩子很怕講錯，怕一犯錯就會被罵、被嘲笑。怕丟臉和自尊心受損，會在孩子的心中築起一道防禦的高牆而不願意冒險嘗試。父母要先幫孩子破除「完美是理所當然」的迷思，沒有人一生下來就什麼都會，也不可能送去學校回來就變成神童。英文不是我們的母語，講錯很正常；即使中文是我們的母語，能正確使用中文字彙、語法來表達的人也越來越少。

孩子不願意使用外語，關鍵在於環境。環境中沒有人使用外語，孩子會覺得只有自己講很奇怪，怕被別人嘲笑。爲了鼓勵孩子嘗試，可以試著把練習的過程轉換成遊戲，想辦法打破孩子的自我設限，鼓勵孩子盡量開口講。我們可以劃定一個區域空間，在這個空間中舉目所及全部都是英文，每個在裡頭的人都必須用英文和別人溝通，當大家都在做一樣的事且很隨興的使用英文，孩子就會覺得在生活中講英文是很自然的事；當孩子講錯時，也不要責罵他，示範正確的說法給孩子，讓孩子重複練習。

這個作法可以配合簡單的獎懲制度，比方在英文空間中講了中文，就可能沒有點心吃；而努力講英文的孩子，會被讚美或表揚，讓其他的孩子羨慕，用這種鼓勵的方式，帶動團體中勇於講英文的風氣。

另外一個方法是唱英文歌，用唱的方式練習把辭彙講出來，也可以幫孩子突破自我設限。

用圖像建構學習語言的「儲思盆」

在《哈利波特》中，有一個神奇的魔法道具「儲思盆」，讓人把記憶儲藏在裡頭，需要的時候隨時可以召喚出相關的畫面。如果學習也能有這種魔法道具，就不用擔心自己「忘性堅強」，怎麼學都學不會了！

其實，每個人的大腦都內建了一個儲思盆，只是我們不曉得怎麼使用它而已，方法很簡單，只要利用圖像來記憶，就可以記得又快又牢固。

用視覺記憶單字

人是視覺的動物，人類在演化的過程中，視覺系統的成熟遠比語言系統更早。我的經驗是，**透過視覺記起來的事物，會比透過聽覺更確實。**

要學好語文，就必須大量的閱讀，中文、英文都一樣。大量閱讀的基礎是字彙，如果熟知的字彙量不夠，就沒辦法讀懂文章的意思。學習中文時，每個人都要練習認字寫字，學外語也一樣，需要花功夫去認識單字。**想把英文學好，就要讓「記單字」變成每天持續的習慣**，但是「記」這個字其實是個誤導，單字不能用死背的，必須在腦海中，讓文字和它的字義緊密結合在一起。

直接用英文思考，不經過翻譯

單字一定要直接記憶，不要經過翻譯。父母可以教孩子這樣學習單字：配合照片、動作，或是影片，在腦中想像這個字，記住這個字抽象的感覺，用力的想，把文字的符號和它的字義緊緊綁在一起。不需要花很多時間在這個字上，一個字專注的記憶十～二十秒，就換下一個字。切記，腦中絕對不可以浮現這個字的中文翻譯。以英文爲例，傳統背單字的方式是同時將中、英文的符號硬記下來，比方「汽車：Car」，這種背法會阻礙我們直接用英文思考，延遲我們將單字內化、順利使用的速度。正確的記憶法應該是要看到「Car」，腦海中就浮現出汽車的影像，響起這個字的聲音，手裡握著筆，就能夠拼寫出這個字。若能做到這個程度，大腦中符號與意義的連結就算完成了。要在腦海中為「看、想、聽、寫」這些反應建立起新的神經連結，記憶才會長久。如果是個動詞，以「hit」為例，當你聽到或看到這個字，腦海中就要浮現這個字的動作，比方有一個人在打另外一個人。

分齡且大量閱讀

美國的圖書館和書店會針對讀者的年齡層區分程度，幼稚園、小學、青少年、成人，各有不同的陳列區域。父母可以為孩子挑選比他本身程度稍高一階的英文讀物，可以去週圍的書店找找看；網路上有一些二手書店也收了很多不同年齡層的英文書籍，價格會比較便宜；如果覺得選擇性太少，也可以直接上 Amazon 網路書店訂購，國際運費也不會太貴。

選定讀物後，我這樣教我之前的家教學生：

1. 把不認識的字全部圈起來。
2. 把圈來的字抄成清單，去查每個字是什麼意思，可以將中文寫在旁邊。但這裡的中文只是協助提醒，不可以直接用中文去記英文。
3. 記憶單字的時候把中文遮起來，用動作、聲音和圖像去記字，不要背它的中文意思。
4. 一個字只花十～二十秒記憶。不要擔心背不背得起來，一百個字只要十五～二十五分鐘就可以記完。
5. 複習時，發現不會的字就做記號，只複習不會的字。重複多次之後，原本覺得最難背的字，反而會成爲你最熟悉的字。
6. 練習用這些字講話、寫作。唯有透過使用，才可以幫助自己確認能否正確掌握字義和用法。

第四次複習	第三次複習	第二次複習	第一次複習	英文	中文
	■	△	○	Apple	蘋果
				Orange	橘子
		△	○	Pear	梨子
			○	Banana	香蕉
◊	■	△	○	Mango	芒果

註：

★第一次背的時候沒記起來的字，用特別符號○做記號，下次只複習這些。

★第二次複習的時候沒記起來的字，用特別符號△做記號，下次只複習這些。

★第三次複習的時候沒記起來的字，用特別符號■做記號，下次只複習這些。

★第四次複習的時候沒記起來的字，用特別符號◊做記號，下次只複習這些。

例如：先想像有一棵樹（the tree），樹上長著蘋果（apple），樹很大（big），樹是綠色的（green）。第一次唸的時候，用這些圖像來記憶這些單字。

第一次複習，先測試哪些字想不起它的圖像，在字的前面做記號（如上表中「V」）。做完記號後，針對這些記不起來的字再用力記憶一次，將圖像與字彙緊緊綁在一起（如上表）。

第二次複習，只針對上次沒記起來的再做一次測驗，重複之前的步驟，不記得的做記號（如上表中「◯」），並默記。

7. 重複複習四～五次之後，做總複習，把記號全部銷掉，再重來一次。因爲只複習不會的部分，所以複習的速度很快。

第一次的記憶是在腦中建立這個字與象徵意義的連結，隔天的複習就是強化前一天所建立的連結。隔兩三天後再快速的全部複習一遍，則可以再加深印象。一週後我會一面背新的字，一面複習做過錯誤並標記的部分。也就是說，記不住的字我會重複記憶很多次，直到記起來爲止。用這種記憶法，一天記一百個字都沒問題，而且效率會很高。

盯一個東西盯很久是沒有用的，用五秒至十秒在腦中建立連結，接下來要做的就只是反覆強化那個連結。

總結過去學習英文、日文、西班牙文和程式語言的經驗，我發現藉由這個「連結」的方式學習語文效果顯著。不管那個字多難，只要用這個方法，不斷重複五十次、一百次，就會成爲有效的長期記憶。之後儘管很久沒有使用，只要稍微複習一下，這些記憶就全部回來了。

不只是單字，這種學習法也被我應用在生物、醫學等需要記憶大量資料的科目上。以解剖學爲例，我看著一個人，腦中就開始一一解構：皮下有哪些皮層組織？它的結構是什麼？分別叫什麼名字？心臟的構造是什麼？從心室到瓣膜，和血液系統、神經系統是怎麼連動的？

用圖像來建立記憶的資料庫，日後要喚醒某樣東西的記憶時，就可以連帶想起與之相關的所有事物，而不是只記得字面上的意思。

直接用新學會的語言思考和生活

要快速學會一種外語，就要強迫自己用外語思考，不能在腦中翻譯，這樣太慢了。我在日本當交換學生時，這種感受最深刻。因爲課堂上都是日本人，老師也是用正常語速的日文上課，起初我會把聽到的日文先在腦中譯成英文，再寫筆記，很快就發現這樣跟不上老師的講課速度，一定要直接用日文理解。要達到這個程度，一開始可能因爲字彙量不夠而覺得障礙重重，但也沒別的捷徑，就是只有努力的累積字彙量一途。

字彙只是入門的基礎，片語、文法的理解也不可或缺，整合起來才能理解正確的意思。句子也必須用圖像和動作的感覺來記憶。把字彙依據文法串連成句子，去記住這個句子的「感覺」——聲音的感覺、詞性的感覺、語氣的感覺，**句子所呈現的語感，就是這個國家的人的思考方式**。

舉例來說，「我搭公車去學校」這句話，在英文是這麼說的：

I take the bus to get to school.

如果從英文直譯成中文，會變成「我拿公車去到學校」，這是說不通的，必須直接從英文的邏輯來理解。在這句話中，有四個不同的語感，第一個是「I」，第二個是「take the bus」，第三個是「to get to」，第四個是「school」：

「I」是「我」，這個沒有問題。

「take」單獨使用時，有「拿」的意思，但與「the bus」連用，就是「搭乘公車」，這種特殊用法只能依賴大量閱讀才會知道。在理解、記憶這句話時，我會想像一輛公車（bus），我搭上車進入車廂的這個動作，則是「take」。在這裡「take」是表示行動的狀態，而不是「拿」的意思。記憶時，要將「take the bus」與腦海中搭上公車的行動連結起來。

「to get to」是「到達」、「去」的意思，有著前進的感覺，記憶時要將這個片語和「抵達某處」的感覺連起來。

「school」是「學校」，看到這個字，就要想到校園的畫面。

將這四種語感串連起來，就可以體會美國人怎麼用語言來思考。

句子是根據思維邏輯架構出來的，仔細觀察，你會發現使用不同語言的人，想事情的邏輯也不同。因此在學習語言時，必須用畫面、動作、感覺去記憶，去體會句構中微妙的差異。熟悉之後，自然就能夠學會用他們的方式去表達。掌握了語感，也就能正確自然的使用文法，感覺起來也比較道地。

把自己丟在純外語的環境中，是強迫自己改用外語思考的快速法門，因爲在那個環境下，一點退路都沒有。我在日本當交換學生時，成天都跟日本人混在一起，強迫自己每天都要講日文，也因此日文進步神速。

我很佩服一個從中國大陸到美國的朋友。當時我們同爲住院醫師，他雖然已經完成醫學院的課程，但是在中國大陸當醫生收入很低，美國的收入相對高很多，所以選擇到美國重新開始。

在美國，醫師的執照考試分成三段，以百分比作爲資格審查的依據，每年都要刷掉四〇～五〇％的人。分數不是能否通過的標準，而是你能否贏過其他四〇～五〇％的人。我在第一段考試中考了九三，意思是我的分數贏過了九三％的人；第二段和第三段的考試中，我分別考了八四、八五，也就是我的成績高於八四％、八五％的人。

而這位朋友，他的醫學養成環境是全中文的系統，即使有接觸到一點英文，比例也很少。美國的醫師執照很難考，土生土長的美國醫學院學生都要很努力才能通過，但他破釜沉舟，選擇了美國中部一個完全沒有華人的城市讀生化碩士作爲他的第一步，先把英文練好。他要求自己徹底使用英語來生活，盡量多和美國人往來，看電視不用字幕，每天不斷的苦練，跟我講話也都是用英語，從來不用中文，即使已經二十五、六歲，這個年紀才開始練英文實在很吃力，但他就是靠勤練，終於練成一口幾乎沒有腔調的英語。

美國的英文醫學書，他不是看過去、看懂就好，而是整本背起來。最後，他考上了UCLA的醫院，擔任住院醫師，實在非常不容易。

情境式外語學習法

前面介紹過，我高中時曾經擔任一位英文很差的學生家教，他後來上了柏克萊大學。當時這個孩子在讀初中，剛到美國沒多久，之前也沒學過英文，所以教材幾乎完全看不懂。我跟他說，英文這種東西，你不能「一整個」去看它，必須分成一小段一小段來認識，因此我建議他做個學習計畫，一次只要努力那個階段就好了。這種分小段的方式，可以用「情境」爲單位去切割，在咖啡店會遇到哪些字句？約會時會用到哪些字句？開車時會遇到哪些字句？在這些情境內會用到的語言有限，只要學好某個情境內的範圍，在那個情境時就能完全融入其中，並由此開始建立自信心。

不用害怕語言學習無邊無際，以情境爲單位來學習語言，當生活中遇到某個情境時，就會知道該怎麼反應，學會怎麼反應，而且順利應對成功，就可以建立信心，突破「學習外語很難」的心理障礙。

我在日本的時候，每天晚上都把自己關在房間裡，去設想明天可能會遇到的各種情境，像是寫劇本那樣，練習用日文把每種情境可能會碰到的句子先列出來，在腦海中排演一遍。我手邊也會準備一本字典，一碰到不會的字就馬上查，查到就立刻用，不斷地重複這個過程，效果眞的很好。

學習語言要練習聽，但不要一開始就聽 ICRT 或 CNN，要從簡單的入手，最好的例子就是「芝麻街」。芝麻街的對話內容就是依據情境設計的，比方「去市場買水果」，接著就會練習認識各種水果的名稱，以及吃水果、切水果、喝果汁等，以「水果」爲中心去認識相關的字彙和用語。

此外，學英文一定要練習寫文章，寫就是應用，用新學到的單字和句型將自己的意思表達出來。每天花半小時至一小時，以某個情境爲主題，利用這些新背的單字寫成段落，可以委託家教幫你看有沒有寫對。用單字去構成一篇文章，也是一種動態學習，當你開始構思、查詢如何使用這些字彙表達一段完整的意思，並且寫出來時，你的腦神經就會在過程中產生新的連結，隨著不斷的使用，便能刺激腦中關於這個單字的連結。

我用這個方法教家教的孩子只花了一年，他的英文程度就追上美國初中的同學，應付課程和生活都沒問題。這種方式持之以恆，到了高中階段，成績就已經進步到前十名，到了考SAT的時候，英文已經成了他的強項。

情境式英語學習法範例

情境：去看電影 Go To the Movies

單字：電影 movie；票 ticket；場次 showing；爆米花 popcorn

例句：

- Would you go to the movies with me tonight?
- How about a movie?
- What's plan today?
- What movie do you want to see?
- Did you hear about _____ movie? How about this movie?

以上都是邀約看電影的開場白，對於這類詢問，美國人會有一些習慣的應對方式，有些是肯定的，例如：

- Great!
- I will go.
- Let's go today!

有些是否定的：

- Terrible movie.
- I don't like it, because __________...

模稜兩可的情況下，也有一些常用的應答：

- I don't know. I'm staying home today, maybe tomorrow.
- Maybe ______.
- I will think about that, maybe tomorrow.

應答通常只有三個結果：要去、不去、不確定。用這三種情境再往下延伸，每種情境會產生的後續對話範圍都是有限的。而且學語言要先學會使用模稜兩可的句子，這種句子使用的頻率最高，可以應付大部分的情境，不管對方怎麼試探你今晚有什麼計畫、意願為何，都可以用這幾句話回覆。例如：

- I don't know. I'm staying home today.
- Maybe, ______.

學好語言必須大量閱讀

字彙是語文的基礎，只要腦中儲備的字彙量夠豐富，就能大致掌握文章的意思。但是如果考試考的是字裡行間隱藏的衍生義，或是文化，那就有賴大量閱讀報章雜誌，才能理解這些國家的人怎麼在生活中使用這些字句（如右範例）。

英文的語文檢定測驗，考的不是「這個字」是什麼意思，而是與這個字相關的所有意涵，如相似詞、相反詞、譬喻、引申意，它是負面的詞嗎？還是正面的詞？使用它的語境是什麼？這些不能只依賴單字背誦，必須透過大量的閱讀來累積。

「閱讀」不只是學習語文的必要訓練，引導孩子養成閱讀習慣，還可以讓孩子一輩子受惠。這個習慣讓人願意持續吸收知識、了解世界，不管遇到什麼問題，都能自然而然的去查資料、深入了解。華人的教育有個迷思，好像讀書、吸收知識是孩童的任務，離開學校之後這個任務就解除了。事實上，人只要活著就會不斷面臨挑戰，維持閱讀習慣，是讓人維持和這個世界的關連與互動，而不被局限於眼前的小框框中。

小時候，母親除了買書給我們，也會鼓勵我們去圖書館。移民美國之前，去圖書館就是我童年記憶的一部分，我們家的孩子都很習慣在圖書館看書、自行探索閱讀的樂趣，這個習慣到了美國依然持續。我幾乎每天都去圖書館找書來看，每隔一兩天就看完一本。我很喜歡看科幻小說，科幻小說用的字都比較難，看不懂的字，有時候我會查，有時候就算沒查，看多了之後，也可以從前後文中推知這個字的意思和用法。所以我認爲閱讀習慣很重要，隨著閱讀的讀物越來越難，你就會越來越能掌握這個作者的構思、潛藏在字裡行間眞正的意思。這種閱讀的訓練也讓我讀英文的速度越來越快。SAT考試的題目，往往不是它字面上的直接意思，而是背後的意涵，如果書看得不夠多，就沒辦法判斷。

閱讀時，文字在腦海中不斷化成聲音迴盪，以及了解字義、進一步理解文章邏輯的這個過程，會大大提高大腦的運作速度。大腦是一塊類似肌肉的組織，不斷從各方面給予刺激，大腦的反應速度就會越來越快，而大量閱讀給予大腦的刺激尤其很有幫助。

父母最好一有空就帶孩子去圖書館，陪孩子一起看書，孩子自然就會建立起閱讀習慣。重點是「陪小孩」，並且建立家人之間的共同牽絆。孩子如果只挑自己有興趣的書來看也沒關係，每週一本或兩本都行，就看孩子能消化多少。重點是和孩子一起討論、分享他們讀到了什麼、有什麼想法。

要不斷提高閱讀的難度，看小說是一個不錯的選擇，切記不能讓孩子只看漫畫，漫畫的用字太淺白，沒辦法刺激大腦進行複雜的抽象思考、想像和組織能力。雖然網路上也有大量的文字資訊，可是使用上要非常小心，尤其是社群軟體，因爲在社群團體裡的互動交流幾乎都是非常低階的語言，若只停留在這個程度，永遠不會進步。

第六章

將考試當成一門技藝

給父母的話

盡量引導孩子試著尋找自己的「大腦黃金效率」，每個人的情況不同，只要能夠讓自己在最適合的時間點、專注的做好原本計畫要做的事，目的就達到了。

我八年級畢業時，成績是全校第一名，並進入 Whitney High School 高中就讀。那是在南加州要考試才能入學的公立學校，每年的畢業生有一百二十人，大約二十人會進入哈佛與史丹佛等級的名校，其餘的則進入柏克萊、UCLA 這些很好的公立大學。因為亞洲人家庭都想把小孩送進這所學校，為了設籍，也導致當地的房地產不斷上漲，二十年來已漲了四倍。

加州的大學分成兩個系統：一個是 UC（University of California），一個是 California State University。UC 系統是國家級的研究型大學，都是很好的公立學校，柏克萊就是其中最頂尖的。但 California State University 就差了很大一截，大部分是地區型大學，很多甚至只要付錢就可以入學。加州政府設立這些學校的想法是，總要有些學校提供沒有門檻的教育資源給社會大衆。再更低一階的就是所謂的City College，甚至連資格審查都不需要，就可以申請就讀。

我從小立下的目標就是哈佛，要進哈佛，只有在學校表現爬到巔峰，才有可能申請成功。這個現實迫使我必須制定嚴密的時間規畫，高效率的進行每一件事。也正因爲計畫夠縝密，時間抓得夠緊，哈佛的要求我全部都做到了。

在求學階段的各種大小考試中，我發現「準備考試」是一門「一法通萬法通」的技藝，只要掌握了這門技藝，不只是SAT和醫學領域的考試，要拿什麼證照都不是難事。舉例來說，我從來沒有接觸過房地產，但運用這套技巧，只花了三個小時準備，就通過了房地產的證照考試。

很多東西都有相似的邏輯，只要掌握這個脈絡，無論是哪個領域，都可以很快的觸類旁通。

準備考試是一門「一法通萬法通」的技藝

不管是準備什麼考試，如果想考滿分，只要記住一件事就對了：「它能夠考的知識是有限的。」即使覺得自己不夠聰明，腦筋轉速不夠快，也沒有關係，就把準備的時間拉得更長吧。只要做足準備，打下扎實基礎，無論怎麼出考題都不會被考倒。

美國的醫學院考試特別重視靈活運用，不是光靠死背就能應付。這種看似浩瀚難以捉摸的出題方式，我也是用相同的技巧去準備。

這套技巧也幫助我妹妹在SAT的重考中取得了高分。在美國，SAT一年內可以考好幾次，但不見得多考幾次就會比較有利，申請學校時，SAT的成績會全部呈現在成績單上，供學校綜合評估。第一次考SAT之前，我妹妹參加了專為SAT開設的補習班，每個禮拜去兩次，一次上課三小時，持續三個月，而且價格昂貴。但這種補習班一點用也沒有，她第一次考SAT的成績很差，讓她很沮喪。我跟她說：「真正能夠在考試中得到超高分的人，是不會去當補習班老師的，他會在其他專業領域取得更卓越的成就。除非那個補習班是他開辦的，否則，妳的補習班老師其實並不懂得怎麼在考試中得高分。」補習班所教的記憶方式就是死背，沒有教學生怎麼規畫時間、怎麼提綱挈領地念書，當然也沒有教學生分析、檢討時間安排與學習成果的實際效能。

後來她照著我的方法準備，從時間安排、讀書進度的規畫，到背誦、記憶的技巧，確實按照計畫複習，越容易出錯的部分，就安排越多時間和次數去複習，並練習如何在考試中依照題型與有把握的程度分配作答時間，不但在第二次的SAT考試中拿到高分，順利進入史丹佛大學就讀，畢業後還進了加州州立聖地牙哥醫學院（UCSD），現在也是醫生。這套學習方法不僅僅可以應付SAT，一直到大學課程、醫學院的課業，甚至進入職場後，都持續有效。我的其他家教學生也是照這套方法去做，不但獲得很好的成績，之後也都有很好的出路。

這種準備法可以讓你看到題目就自動反應、判斷出正確答案。在遇到眞的不知道答案的情況時，也能有效提高猜中答案的機率。

學會用出題者的角度去思考，就會發現，答案呼之欲出。

基礎扎實，怎樣出題都考不倒

在教孩子學會考試技巧之前，需要先建立一個觀念：基礎扎實最重要。沒有扎實的基礎，小技巧懂得再多，都是枉然。人生要應付的不只是考試，唯有基礎扎實，才能從容的面對各種考驗。

以我年輕時代的SAT爲例，SAT只考兩個科目，英文和數學。對於移民到美國的台灣學生來說，數學通常都不需要太擔心，比較有問題的是英文。並不是說美國人的數學能力較差，而是美國的進度比較慢，台灣的數學教得很快，同樣是小學六年級，美國小學還在畫畫、學習加減乘，台灣已經在學未知數了。至於英文，很多人因爲英文基礎不好，就一直逃避，但我必須老實說，不管哪個領域，當你變成國際級的頂尖人才時，生活中一定會用到英文。

可以的話，孩子最好能懂得兩種語言：英文和中文。英文是最基本的國際語言，英文不好，生涯發展也大大受限。現在中國崛起，使用中文的機率也很高，不要以爲自己是華人家庭，孩子的中文能力自然沒問題，事實上，能精準流暢的寫出一篇文章，並使用中文與人溝通無礙，不會錯字連篇，才算是眞正懂得使用中文。

接下來介紹的學習技巧，在小學階段就可以實行了，不必等到中學面對升學考試才開始，越小養成習慣，對於學習的效果幫助越大。

找出學習的心理障礙，各個擊破

我曾經教過一個孩子，代數學得很差。他之前在別的家教的指導下補習代數，但卻不見成效，後來我發現，問題不在代數，而在他的學習動機不夠強。

我問他：「你爸媽希望你把書念好，那麼你自己呢？你想不想把書念好？」

他說：「嗯，如果可以念好的話，也是很好啊。」言談間並不是很有決心的樣子。

我再問：「你覺得你爸媽爲什麼希望你能把書念好呢？」

他回答：「因爲爸媽很辛苦賺錢養家，希望以後可以一起來美國，也希望到時候我可以找到比較好的工作，賺多點錢，幫忙家裡的經濟。」

我再進一步問他：「那麼你要怎麼樣才能找到比較好的工作，來幫助家裡呢？」

「要先念到好的大學，才能找到比較好的工作。」

「好的工作是什麼工作？」

「賺很多錢。」

「你覺得要賺多少錢，才能分擔家裡的壓力、滿足爸媽的期望？」

結果這個孩子跟我說：「我想當工程師。」

我說：「當工程師很好啊！收入滿不錯的，而且很穩定，不到幾年就可以幫爸媽買房子了。那麼你要怎麼做才能成爲一位工程師呢？」

這時孩子終於有所體悟：「書要念好，數學也很重要。」

在確立這個孩子的學習動機之後，他的學習態度變得積極起來，對數學也越來越有興趣。當孩子的態度變積極，接下來的問題就簡單得多，只需要做到一件事：「找出他的心理障礙，各個擊破」，比方說粗心，爲什麼會粗心？是不是有某個細節沒弄懂？

一開始，這個孩子每做二十題，會錯十五題。分析做錯的原因，幾乎都是因爲粗心。不要小看粗心，明明會做的事情，卻因爲粗心而做錯，是最可惜的。

我跟他說：「其實你很聰明，」接著指出他算式中做對和做錯的地方。指出問題癥結後，繼續鼓勵他：「其實你很厲害，本來是可以拿到滿分的，但是，就因爲你可能比較不細心，有些東西沒有注意到，結果沒拿到分數。如果克服這一點，你的數學就會很厲害喔！甚至會變成班上最頂尖的人喔！」

我只是指出事實，鼓勵孩子時不需要講得天花亂墜，只要把事實講出來，再稍微施點力去推動孩子，**重點在於，不但要找到孩子需要改進的地方，也要找到孩子的優點**。改正缺點，更要加強優點。

缺點要怎麼改正呢？只能透過反覆不斷的練習，而且矯正之後馬上複習。我通常會針對學生的障礙，不斷出相同類型的題目給他做，直到他可以完全做對爲止。

不但要找到孩子在心理上、學習上的障礙，也要找到孩子的優點，強化他的優點。不擅長讀書的孩子通常對自己沒自信，要慢慢培養他的成就感，先給他一些簡單的題型，讓他明確認識到自己哪裡有失誤，在他做完之後給予讚美：「你看，你這一次就注意到了，恭喜你答對了！這樣很棒！」孩子的自信逐步建立後，就會願意接受更難的題目。

也可以搭配懲罰的方式，針對他容易出錯的地方，用相同的題型反覆訓練，錯一題就要再多寫三題，不過出題的人就比較辛苦了。

於是這個孩子在我慢慢的引導，在一週一次至兩次的頻率下反覆練習，兩三個月後，就從五、六十分，進步到九十分。

教孩子發現自己的「大腦黃金效率」

高中三年，我的每日行程表都很滿，早上上課，下午兩點左右放學後就去游泳，在游泳池練習到六點回家。吃完飯就開始念書做功課。我通常是利用七點至十二點這段時間來學習，但是不管再怎麼忙，我都不會熬夜，熬夜的效果不好。

作息規律是一種好習慣，規律的作息能讓人知道自己每天可利用多少時間、能完成多少進度。作息不規律，生理時鐘亂七八糟，睡眠品質就很差，也沒辦法穩健的執行計畫表，進而什麼都掌握不了。

睡眠是大腦製造長期記憶的關鍵時刻

睡眠對學習及記憶非常重要，每天必須在凌晨一點以前睡覺，睡足七～八小時，不間斷的一次睡醒，睡醒就直接起床，不賴床，賴床會讓人懶洋洋，整天提不起精神。

睡眠品質很重要，深層睡眠是大腦製造長期記憶的關鍵時刻，此時必須保持環境的安靜與黑暗，不要讓光、噪音干擾睡眠。如果環境干擾太多，就會一直做夢，大腦無法真正的進入深層睡眠期，這種情況不只讓記憶力變差，長期下來對大腦也會造成不良影響。

需要記憶的科目排在清晨念

剛睡醒，腦子還沒被其他事情干擾時，運作效率和專注力都很高。把需要記憶的科目排在清晨時段，如果時間很緊迫，用五分鐘快速瞄一下也好，專注而快速的進行記憶。

運動後三十分鐘大腦最清明

在我的高中階段，游泳隊和水球隊的練習是每天的固定功課，高強度的體能訓練讓我發現一件事：完成激烈運動的三十分鐘之後，大腦會變得特別清明，運作效率特別高。

激烈運動剛結束時，也許會因為身體疲倦而覺得什麼事都不想做，但是休息一陣子之後，大腦的效能反而會變得特別好。由此我得到一個結論：想要提高孩子的學習效率，就要讓孩子激烈運動，強度必須大到能加快心跳、讓身體流汗，而且要持續十五分鐘至半小時。

保持運動的習慣很重要，即使不能做到每天運動，至少也要維持一週三次的頻率，每次三十分鐘。特別需要腦力的科目，就可以安排在運動之後進行，學習效率會更好。

運動也可以讓孩子專心。孩子注意力不集中，往往是因爲體內的能量過剩，帶著他們跑個幾圈，把多餘的精力消耗掉，就比較容易心靜下來。

特別要注意的是運動的環境，空氣必須清新，不能有污染。運動時會大量耗氧，此時受污染的空氣會隨著呼吸進入身體，對於身體的危害會比平時更嚴重。最忌諱在車輛繁忙的馬路旁跑步、打球，如果住家附近實在找不到空氣清新的地方，就在室內運動吧。

飽食讓大腦運作停擺

吃飯時間和學習時間要互相搭配，很餓的時候無法思考，太飽的時候也無法思考，必須將學習時間安排在飯後一小時之後，而且不要吃太飽。關於飲食和營養的部分，會在最後附錄中介紹。

枯燥無聊的科目，就用音樂KO它

讓孩子聽他喜歡的音樂，可以轉換學習情緒。當面對很無聊、讓人很不耐煩的科目時，音樂可以轉化負面情緒。如果怕音樂很吵，就選擇純旋律的音樂，像是古典樂、爵士樂之類的。我們的腦構造中有一個區塊，是音樂影響情緒的區域，會分泌一種賀爾蒙，讓人感到心情愉悅。將不喜歡的和喜歡的事情同時進行，就不會覺得那麼無聊了。

有些人如果聽音樂會嚴重分心，就不建議這樣做，請用別的方式來取代。把它想成某種遊戲的關卡也是一種方法，每次完成一段進度，就給孩子一點獎勵。

總之，盡量引導孩子試著找出自己的「大腦黃金效率」，每個人的情況可能不太一樣，只要能夠讓自己在最適合的時間點，專注的做好原本計畫要做的事，目的就達到了。

不要讓孩子跟朋友一起念書

念書要專心，盡可能將環境裡的干擾減到最低，也不要有電視，還有一個重點：**讓孩子跟朋友一起念書效率最差**。除非是去完全不能講話的地方，而且大家都沒有智慧型隨身裝置，才有可能藉由看見彼此都專注的狀態而互相激勵。

我在念醫學院的時候，都會去學校圖書館的自修室念書，那裡是禁止交談的。如果沒有這類環境，就去找沒有人或是不會遇到熟人的咖啡店。千萬不能是學校裡的咖啡店，不然時間都浪費在與同學寒暄打屁上。真的沒得選，就把耳機戴起來，假裝自己在聽音樂，這樣別人也比較不會來打擾。這種自律能力必須從小培養，等到孩子上中學後就不用太擔心。

考試必勝絕招

考試不是終極目標，只是讓人生不斷升級的入門磚。藉由考試獲取的成績只是工具，關鍵不在於要拿到一百分，而是在準備考試的過程中磨鍊能力、從競爭中勝出。

考前的快速複習效率最高

前面說過，複習是穩固記憶最有效的辦法。如果只是應付學校的小考，考前十五分鐘的複習，就足以讓你提高答對的機率。因爲你才剛上完這些內容，記憶猶新。平時就把重點標出來，考前只需要快速的看重點就好。

我建議的複習頻率如下：

Step 1. 學完後隔一天複習

Step 2. 二～三天後再複習

Step 3. 考前十五～二十分鐘複習關鍵重點

我通常不用筆記本，因爲發現自己根本不會把筆記本拿出來看。需要筆記的內容就直接寫在課本上，把重點畫起來，或是抄在空白處都可以，複習時只要看課本的重點就好。

善用考古題克服緊張

利用考古題有很多好處，主要是讓你熟悉題型。人面對陌生的事物都會緊張，克服緊張是面對考試時一個必要的功課，因爲人只要一緊張腦袋就不清楚，荷爾蒙會升高，甚至想逃跑，那是遠古時代的爲了要逃避野獸攻擊所產生的應對機制。考試與逃跑需要的身心狀態是相反的，考試必須要冷靜、有自信的應對，要培養這種能力，唯一的辦法就是練習。

我會蒐集每年出版的SAT考古題，但不會馬上開始做題目，因爲題目做過之後就失效了。不要浪費題目，準備好了再開始寫考古題，才能眞正的測出自己的程度。

將考古題做熟，目的在於熟悉題型、練習答題時間的掌握，只要習慣作答技巧，看到題目就能直接反應，面對考試時就不會緊張害怕。

不論什麼考試，題目大致可以分成三種：一種是你很肯定知道答案的，一種是不太確定的，還有一種是完全不會的，碰到第三種時，隨便猜一個答案就讓它過去，不要把時間浪費在上面。矇中就是中樂透，矇不中也沒損失，反正本來就不會。但是必須檢討不會的理由，可能是單字背得還不夠？那就再加強單字的部分。

至於不太確定答案的題目，只要考古題做得夠多，就會發現出題者佈陷阱的慣用手法。每個考試題庫，其實就是特定幾個人寫的，他們都是同樣的背景出身，想法都很類似。所以你在答題的過程中，就會察覺他們的陷阱，五個選項如何先排除兩個，從剩下三個去猜。如果很難判斷，就參考同一份試卷中其他類似的選項是怎麼安排陷阱的，依據那個線索來猜，就能大大提升猜中的機率。

同一個出題者，出題的方式也會有其慣性，最極端的例子是，我有一位教新陳代謝的教授，把去年出的考題拿來今年繼續沿用，讓沒有看考古題的同學氣得直跳腳。這種事情可遇不可求，但是從考古題中就可以察覺，其實要考的重點差不多就是那些，所以做考古題時，可以把自己做錯的題目標起來，考試前針對這些題目再複習一次，加強自己容易混淆的部分。

在開始做另一份新的考古題之前，我會先複習前幾次考古題中出錯的部分，將為什麼做錯的原因寫在旁邊，作為提醒。例如：「不要忘記小數點」「這個字彙還有其他含義」。

答題時常做錯的地方，通常是因爲技巧不足，而不是知識不夠。利用考前快速瀏覽之前的錯誤，是很有效的提醒，接下來寫考題時，就不會再犯這種技巧性的錯誤。

洞察出題者的陷阱設計

考古題做多了，不只能掌握出題者的路線，還會發現出題者在設計題目陷阱時，會有類似的慣性。以英文考試來說，五個選項的選擇題，往往第一個和第三個是相似的一組，第二和第四是另外一組，第五個選項則和其他選項完全無關。正確答案是第五選項的機率非常低，一般必須在兩組選項中做出判斷，選出最合適的答案。

考古題做得多，就可以從中累積答題心得，知道出題者習慣在哪些地方設陷阱。

控制作答時間，培養答題節奏

答題還有一個技巧，就是時間的控制與分配。學問再好，題目寫不完也沒用。可以快速處理的題型就趕快先寫完，需要耗費時間去琢磨的就留在後頭。以SAT爲例，反正每個題目能夠得到的分數都一樣，花很久時間也是只有一分，所以先做簡單的題目。無法判斷的題目就先做個記號，寫下最有可能的答案，之後有空再回頭來思考。絕對不能花時間一直盯著讓你猶豫不決的題目，在時間不夠的前提下，你會錯失後面有可能輕易得分的題目。

針對閱讀測驗，也有一個縮短答題時間的小技巧：「先看題目，再回頭去看文章。」這麼做可以迅速掌握答題需要的資訊，得分會更高。

準備一支手表，平常作考古題的時候要計時，每個題型需要花多少時間才能透徹掌握？依據自己的需求去分配，看看哪些可以寫得比較快？就把時間省給更費時的題型。一般最費時的通常是閱讀測驗。

要強迫自己在三十秒內能答的題目，不要花到一分鐘。

習慣了這種答題速度，以及時時刻刻確認時鐘指針位置的作答方式，正式面對考試時就不會緊張。

很多人的緊張來自於對時間掌控的不熟練，舉例來說，六十分鐘要答完四十題，這六十分鐘怎麼分配？來得及答完嗎？這些疑問盤旋心頭，而時間又一分一秒流逝時，會讓人非常緊張。若平時就習慣用這個時間來控制考古題的作答速度，正式上場時，時間就不會是造成失分的因素了。

控制答題速度的感覺和音樂很像，音樂有節奏，每一小節有幾拍就如同每五分鐘要完成幾題一樣。只要考古題練習得夠多，身體和大腦就會培養出作答的節奏感，上場時只要隨著這個節奏進行，就能應付裕如。

應付小考的「故事聯想短期記憶法」

將需要記憶的零碎資訊列成清單，一一轉換成圖片，用圖片編成故事去聯想。越奇怪、不合常理的故事會記得越清楚。比方說，你要去大賣場買三個東西：清潔劑、手套、紙，必須依序購買，要怎麼樣才能記起來呢？我可能就會先在腦中想像一個正在噴灑的清潔劑，噴到戴著手套的手，結果手套融化、冒煙、噴火，摸到紙，紙也燒起來。讓這三個東西產生關連，就能很快的記起來。用這種方式，記五十個、一百個都沒問題。編完故事，稍微複習一下，還可以練習把故事倒過來說，依序確認自己需要記得的每一樣東西。這是很有效的短期記憶法，電視上常有人在表演記憶術，就是用這種方式。但是要變成長期記憶就不能靠這個技巧，還是要反覆複習，用上一章介紹的圖像和動作來記憶。

大考前，先運動

運動會幫助大腦更活絡，激烈的運動可以提高頭腦的運轉速度。遇到重要考試，我一向吃得很清淡，優格、蔬菜、少量的麵包，還有雞胸肉，大概吃到六分飽，或是讓熱量低於四百卡（不可包含炸物和油脂類，以及太多澱粉），顧及營養均衡就好。眞的很想大吃一頓，就等考完再說。考試與考試之間，比方上午和下午的兩場考試之間會有一段休息時間，此時我就去健身房練大約十五～二十分鐘的舉重，大約半小時之後，腦部的轉速就會明顯加快，神智也特別清明。考前的時間拿捏大致如下：

12:10~12:30 運動

12:30~12:45 回到考場

12:45~13:00 複習重點

13:00 開始考試

作文是決定能否進入面試階段的關鍵

考試分數只是申請學校的最低門檻，第二關就是看你附在申請書中的文章。

美國的大學申請除了申請書，還要另外繳交一篇文章，它會有一個題目，讓每個申請者根據這個題目去發展成一篇大約兩頁的文章。當每個申請者都很優秀、成績很好、獲獎無數、多才多藝時，眞正決勝負的，就是這篇文章。不一定是短論文，最常出現的題目是「你爲什麼想念我們學校／科系？」申請者不能只是平鋪直敘的敘述自己的理由，而必須寫出一篇能打動人心的文章。

爲了達到這個要求，我很早就開始練習寫文章了。寫作能力的培養需要長期訓練，一篇好的文章必須以良好的布局與結構爲基礎，由情景開始，使用適合的修辭、句法營造出氣氛，帶領讀者由景入情，就能達到打動人心的目的。這些能力得靠從小累積的閱讀、表述經驗來養成。

除了哈佛，之後我陸陸續續索取了很多間學校的申請書，當作準備入學申請的資料庫，分析比較並歸納出幾種作答方式。我去找了那些考上哈佛、史丹佛大學的人的經驗分享，從他們的心得與文章中，研究他們考上的祕訣，並歸納、判斷哪幾類的文字風格容易勝出。平時累積的閱讀量一定要足夠豐厚，才有辦法做這種判斷。

學習寫文章的目的就是在學習如何用文章感動人。

有些人會在文章中不斷強調自己有多厲害，這是沒有用的。榮譽獎項只要列在得獎紀錄中就好，在文章中流水帳的描述自己什麼時候拿了哪些獎，並無法引起讀者的共鳴。舉例來說，描述自己代表去歐洲參加弦樂比賽的經驗，不能直白的寫「大家都很緊張」或「我們很厲害，拿到冠軍」，應該要描繪情景：「團員們戰戰兢兢的走上臺，屏息以待。在舞台燈光強烈的照射下，每個人額上的汗珠閃著光芒，顯得燈光格外灼熱。我們無法平息心中的忐忑，捏著樂器的手心也汗濕了。現場一片寂靜，直到指揮舉起雙手，第一個樂音悠悠響起……」

寫作的訓練可以先從模仿開始，引導孩子挑選幾篇特別動人的文章，學著怎麼遣詞用字、設計文章的結構、鋪陳內容、經營情境。學到新的字彙，馬上試著把它用進文章裡，經過熟練的使用，陌生的字彙很快就可以內化成可靈活運用的字庫。

懂得使用精準的文字表達想法，在現代社會是一項必要技能，尤其是商業往來，不論是本地或國際，商業溝通都以電子郵件爲主，不同於面對面溝通，電子郵件只能透過文字傳達訊息，缺乏肢體動作、面部表情和聲音轉折作爲輔助，如果不能準確的拿捏語氣與用字，往往會引起對方不必要的誤會，造成難以收拾的局面。商務通信時，不妨多一點幽默，多一些體貼，對方雖然是替公司工作，但也需要被關心、被尊重。很多事情是否能辦成，就要看與你對口的人是否願意協助你，這就是人情世故。

說穿了，懂不懂得寫文章，也考驗著寫作者是否通曉人情世故，更與EQ息息相關。知道如何建立人與人之間的關係，就會知道從哪些角度切入並把握哪些重點才能打動讀者。

推銷自己前，先搞懂對方想要什麼人才

有很多家長來找我諮詢如何考進大學，不只是考試，還包括怎麼申請。我之前曾經擔任過布朗大學的新生入學面試官，讀過很多申請書，也看過很多來申請的學生，在這裡也將這個經驗與大家分享。

無論是大學入學的面試，還是職場求職的面試，都要先了解對方想要找的是什麼樣的人。美國名校希望錄取的是全方面的人才，企業則依不同的職務，會有不同的條件需求。

好學校與大企業，競爭都很激烈，投履歷和申請書的人很多，要怎麼在眾多競爭者中讓面試官印象深刻？找出自己和對方的共同點。

在沒有辦法和對方面對面交談的前提下，該從何著手？可以先查資料，想辦法了解對方的背景與單位文化。如果是一間公司，就去查這間公司的產品、他們的發展歷程、市場定位、品牌形象，並觀察這間公司舉辦的活動有

哪些特色，大概就會知道這間公司的文化是什麼。以Google爲例，員工的工作內容不只是公司交辦的業務，他們鼓勵員工，要將一五％工作時間拿來發揮自己的創意，發展自己的提案，由此可知，Google喜歡有創意的人，要應徵Google的職缺，就得特別強調自己的創意特長。

大學也一樣，每間學校都有其風格，從學校網站的介紹、發布給媒體的新聞稿，以及老師們在期刊發表的論文，都是可以快速了解這間學校的風格，以及他們重視哪些價值。比方麻省理工學院（MIT）就很重視邏輯和數據，他們喜歡在這方面反應很快的學生，文學藝術就不是他們重視的價值。要申請麻省理工學院，就要在申請書中呈現出自己在邏輯、數據上的精準度與速度，SAT的數學科要考到幾乎滿分，課外活動也要以數學、工程、科學爲主。

麻省理工學院是研究型的大學，對高中生來說，要累積學術研究案的資歷是很困難的。這裡提供一個很好的途徑，雖然沒有機會擔任研究案的研究助理，但可以教孩子去蒐集資料，看看該領域的重要研究者有哪些人，自己家附近的大學是否有相關領域的教授，手上正在進行什麼計畫。讓孩子自行與這些老師聯繫，試探對方是否願意讓孩子擔任實習生或義工。

我之前就做過這件事，去UCLA的免疫學教授手下做義工，藉由這個機會，與相關人士建立關係。雖然高中生也許不能爲研究帶來什麼建樹，但孩子會在工作的過程中進一步了解這個領域怎麼運作、有哪些重要議題，這些都是外行沒辦法得知的事情。這個經驗也是在撰寫履歷自傳時，會讓面試官印象深刻的亮點。

布朗大學則是重視學生的社會參與，學生是否重視社會公益？曾經付出多少心力去服務人群？這種無私的特質必須在很多方面呈現，並以實際的行爲成果證明來展現。可以在申請書的文章中以間接、情境式的方式透露出這樣的特質，以相關經驗爲基礎，描述這些經驗對自己的啓發，以及因此奠定哪些人生志向。筆調一定要眞誠且富有渲染力，直接寫「我很無私，我去非洲幫助難民」是沒有用的。如果只是爲了申請大學而跑去參加短期的海外志工，這種作法也不足以說服面試官。

這是一種行銷策略。你選擇要寫的主題、在履歷中呈現的面向，一定要能反映對方的喜好。一家公司推出產品前，必須先勾勒「消費者形象」，會購買這個產品的消費者，他們的年齡、職業、生活形態、價値觀、好惡，瞄準他們的需求和喜好來設計產品與行銷計畫。遞入學申請和求職履歷也是一樣的，要先了解對方的特質和需求，針對需求來做事。如果這個科系的教授年齡落在四十歲至六十歲，大部分是台大畢業，研究所和博士班是在法國或德國念的，他們的特質會是什麼？尊崇什麼樣的價値？是才氣還是嚴謹？顚覆還是保守？針對他們的特質強化與自己志同道合的面向。

不只是履歷表和申請書，「拉近彼此距離」這個技巧在面談中同樣重要。了解這個領域的人有哪些特質和嗜好，在面談時就可以用輕鬆的方式提起共同話題。以金融業爲例，金融業很傳統，重視男子氣概，體育賽事就是金融業的共同話題，面談時可以巧妙的將最近熱門的比賽帶入話題中，彼此的關係會因此立刻輕鬆、親近起來。

我當面試官的時候也會評估，這個人是眞誠的，還是浮誇的？文章中所寫的內容，和他舉手投足間所透露的線索，是否可以互相印證。面對面交談的感受是決定這場面試是否能被錄取的關鍵，必須在最短時間內拉近彼此的距離，讓對方感覺「我們彼此很相像」，知己知彼，才能百戰百勝，這種與人相處、互動的技巧，也就是ＥＱ。

附錄

這樣吃，最補腦

給父母的話

考前絕對不能吃油膩的食物，全脂的、糖類、澱粉類只能少量攝取，這些成分都會讓人昏昏欲睡。

腦細胞的數量會在四歲時發展完成，因此，把握四歲以前的營養補給是很重要的。前面有介紹過，腦細胞的數量會在四歲前達到巔峰；但腦細胞的神經元連結仍然在持續發展，就像觸手一樣從細胞延展出去，與其他細胞連結，這種連結叫做「突觸」，在六、七歲前，突觸的發展速度都很快。上一章所介紹的訓練方法，都是增加突觸數量、提高大腦效能的技巧，但唯有配合充足的營養補給，才可以達到增加腦細胞數量。營養補給等於是幫孩子裝設品質優良的硬體，硬體的性能夠高，安裝進去的軟體才能有效運作。

我的母親是中醫師，她給我一個很好的觀念：不可以偏食。大腦需要很多不同的營養才得以完整發育，必須多元攝取。我們家族在我這一代，有十多位成員都是醫生，其他人則是律師、工程師，或是大企業的主管。我曾經向這些教養出優秀孩子的長輩請教過祕訣，他們都有一個共通的原則：**小孩不能挑食，必須什麼都吃**。

在我小的時候，我的母親都是依據健康觀念來挑選食材。食材一定要新鮮，分量一定要夠，營養要充足，絕對不能吃太多零食，零食往往含有大量的鈉和防腐劑。我們家很少外食，媽媽會盡量用煮、蒸、涮的方式烹調食材，避免用大量的油去煎和炸，蔬菜用水燙一下就好。

連鎖速食店是最不營養的選擇。在美國，上流社會是不吃速食的，尤其不能吃漢堡。那些漢堡肉非常肥，是用最糟的雜肉和廢肉所組成。他們使用阿摩尼亞類的藥物去洗那些雜肉，並調整脂肪的占比，做成漢堡中含量最高的成分，因爲高脂肪的肉比較香甜味美，很吸引孩子。

如果去觀察這些速食店在美國都市中的分布，你會發現高級住宅區中很難發現它們的蹤影。速食店的位置通常都在比較窮困、混亂、教育水平較低的地區。因爲當地的父母並不知道不能讓孩子吃這些食物。社經水準越差的地方，速食餐廳就越多。

越吃越聰明的營養成分

以下的營養素對大腦很有幫助，盡量多攝取，但必須盡量從食物中攝取，不要依賴藥丸：

維生素B群（B_1、B_2、B_6）：

麥——全麥的食物對身體非常好，除了豐富的B群，還有很多其他的營養素。我在成長過程中吃了很多全麥麵包。盡量不要吃白土司，白土司是用精製過的麵粉製成的，只剩下澱粉。台灣很難買到眞的全麥麵包，號稱眞正全麥的，價格可能又高得驚人，自己做麵包是個不錯的方式。

B_1——是神經傳導物質的原料，缺乏B_1會導致癡呆。有些酗酒者會有B_1的吸收障礙，因此酗酒有時會導致癡呆。汽水含有單寧（tannic），也會阻絕B_1的吸收。咖啡因也會影響B_1。五穀雜糧如糙米、全麥、亞麻籽、葵花籽，都含有豐富的B_1，但它蘊藏在糠殼中，精製過的去糠穀類幾乎沒有營養價值。

B_3（菸鹼酸）——缺乏B_3的人不容易專心，因此念書時很需要B_3。番茄、核果類、未精製的穀類，都含有豐富的B_3。

B_5（泛酸）——缺乏B_5的人容易疲勞，沒辦法思考，神經系統也會出問題。全麥麩皮、酵母、青花菜、酪梨的含量都很豐富。

B_6——是修復神經、製作神經傳導物質的重要元素。缺乏B_6，神經系統會有狀況。除了穀類，堅果、香蕉都有豐富的B_6。香蕉對神經系統特別好，除了B_6，還含有酪氨酸（tyrosine），酪氨酸是身體用來爲大腦製造左旋多巴胺（L-Dopa）的材料。左旋多巴胺會在大腦的運作中被轉換成神經傳導物質，包括多巴胺（dopamine）、去甲腎上腺素（norepinephrine）、腎上腺素

（epinephrine）。科學家已經證實，增加左旋多巴胺可以有效幫助治療帕金森氏症。

B_9（葉酸）——懷孕婦女最常被強調要攝取葉酸，因爲葉酸是胎兒製造神經系統的原料。如果缺乏B_9，神經系統會受損，胎兒會出很多問題。菠菜是最著名的葉酸食物，糙米、花生、橘子、番茄、香蕉也都有。

B_{12}——對腦和神經都很重要，可以保護腦，延緩退化。懷孕的人要吃很多B_9和B_{12}。牛奶含有豐富的B_{12}，但購買時要看清楚成分。貨架上的牛奶，除非標明一〇〇%純鮮乳，大部分都不是眞的牛奶，而是用各種添加物混和一點點的奶粉調出來的。奶粉在製造過程中很多營養都被破壞了。農會之類的小廠牌，生產的鮮乳比較可信，也比較好喝。

維他命C：在身體製造去甲腎上腺素和多巴胺時，維他命C是幾種酶的必要養分。它也是一種強效抗氧化劑，可以幫助腦細胞對抗氧化傷害。現代人無時無刻不被空氣污染和水污染所威脅，維他命C可以幫助抵抗這些污染物質造成的氧化傷害。在食物中，芭樂、奇異果、花椰菜、荔枝、木瓜、檸檬和鳳梨，含量都很豐富。要注意的是，鳳梨太甜，不要吃太多。

維他命E：可以修復、維護神經和腦，如：全麥、葵花籽油、橄欖油、紅花油、杏仁、榛果。

水分：水和醣是大腦運作不可或缺的要素，要注意攝取量，不可以太多，也不可以太少。不要喝自來水，自來水可能含有重金屬和氯，氯可以殺菌，但是太高的含量會對身體造成負面影響。即使是市售的瓶裝礦泉水，也要先過濾，因爲不確定它的來源是否沒問題。

鈉（Na）：鈉是身體的重要成分，但是吃太鹹，腦會受不了。維持細胞的鈉、水平衡很重要，腦細胞尤其如此。腦細胞對身體的鈉含量非常敏感，當你攝取太多鹽分，就會感到口渴，進而需要攝取大量的水來平衡。血液中的鈉含量過高，腦細胞會受損，一但失衡，不管是哪種狀態，都會對身體帶來很大的負擔。

鉀（K）：在頭腦與神經細胞的信號傳遞過程中，會需要鉀來保持適當的平衡。正確的鉀平衡也維持著細胞的滲透壓平衡。缺乏鉀，人體會感到虛弱，而且可能會引起嘔吐和腹瀉。堅果、山藥、馬鈴薯和大豆，都是鉀含量豐富的食物。

鈣（Ca）：大多數人都知道，鈣是骨骼健康必要的營養素，但人們卻不太曉得，鈣在神經訊號傳導的過程中也是必要角色，對於大腦的重要性自不待言。堅果（如杏仁、芝麻）、海帶、豆類（如大豆）都含有豐富的鈣。

鎂（Mg）：鎂是人體能量和DNA的必需品，我建議多吃菠菜來補充身體中鎂的含量。

Omega-3：魚油和亞麻籽的含量最豐富。盡量多吃魚，魚不只含有Omega-3，也含有其他Omega，以及豐富的氨基酸。魚油含有DHA和EPA，是身體創建、維護大腦中的神經纖維非常重要的營養素。神經纖維就像是電腦中的電線，假使電線週圍的橡膠變薄、損壞，電子訊號就會被干擾，電腦就會被關閉。同理，人的神經纖維被「鞘（sheath）」所包覆，從魚類中攝取的DHA和EPA，是維護「鞘」的重要成分，幫助神經纖維提高工作效率，大腦也會因此運作得更快。需要注意的是，盡量挑選野生的魚，養殖場的魚往往加了很多抗生素和荷爾蒙。不要吃炸魚，油炸會讓營養成分變質。

麥茶：可控制、維持血糖的濃度，讓人比較不容易餓，而且可以抑制飯後血糖升高造成的嗜睡現象。如果甜的食物攝取得多，可以喝麥茶作爲調節。我每天都要喝麥茶，感覺頭腦會比較清明。

雞蛋：雞蛋可以廣泛供應大腦所需的各種營養，我每天早上都要吃一顆水煮蛋。盡量選擇吃有機的蛋，不好的蛋吃起來很腥。有些掛有「××牧場」的蛋，實際上根本和牧場無關，價格卻拉得很高，要小心挑選。

考試期間怎麼吃？

初高中階段，要準備升學考試，吃的東西更需要特別注意。人很餓的時候無法思考，吃太飽的時候也無法思考。當身體正在把我們攝取的營養存起來時，大腦、肌肉的機能就會減緩，我們就會覺得想睡覺。

考前絕對不能吃油膩的、炸的，全脂的、糖類（澱粉類）只能少量攝取，這些成分都會讓人想睡覺。不要吃太飽，飯後兩小時之後、激烈運動半小時之後，是頭腦最清明的時候。**注意，遇到考試時，考前兩小時不要吃正餐。**

盡量吃高蛋白、脂肪含量少的肉，如雞胸肉。高蛋白、低脂的食物，可以讓你有飽足感，卻不會有頭腦昏沉的現象。雞肉沙拉、低脂優格或一份三明治都是不錯的選擇，牛奶最好喝脂肪含量二%以下的。

香蕉對神經傳導物質很好，但因爲太甜，只能吃半根。考前必須在兩小時前吃，不可以太靠近考試時間吃。

讓人變笨的食物不要吃

高脂油炸物

國人的外食以油炸物爲主，鹹酥雞、炸雞排、炸排骨、炸雞腿，想在街上找到沒有炸物的便當，實在很困難。這是因爲油炸是速度最快、香氣最重的烹調方式，但我建議最好統統不要吃，炸物會減緩人腦的反應速度。

炸物因爲油脂變質，含有自由基，進入人體後，會攻擊正常細胞損壞健康。人的腦神經是以脂質爲主要成分，發育中的兒童如果攝取油炸物，就會對腦的發育產生負面影響。如果你的孩子總是在吃這類食物，即使他原本可能頗有天分，因爲不健康飲食的關係，可能也沒辦法長成聰明的孩子。

不只是孩童不能吃，成年之後也不可以吃。脂肪含量高的食物，會影響新陳代謝。在自然界，「脂肪」是被迫形成的，當食物缺乏時，必須燃燒體內的成分來生存，因此養分會在最後階段轉變成脂肪，囤積在體內。動物如果生活在食物不匱乏、資源健全的環境中，體內是不需要囤積脂肪的，攝取過多的油脂，身體卻沒有消耗脂肪的需求，這些油脂就會被轉換、儲存。新陳代謝在進行儲存的程序時，大腦的運作會變慢，人也會變得想睡覺。

成人攝取炸物會提高罹患乳癌、子宮肌瘤和卵巢病變的機率。太多的類賀爾蒙及自由基進入體內，在攻擊細胞的同時，也就是癌症的開始。孕婦也要避免攝取，因爲胎兒也會吸收到這些成分。

油炸物的另一個隱患，是會影響賀爾蒙，在美國，炸物的攝取非常風行，尤其是墨西哥人。從小吃太多炸物使身體太早性成熟，很多墨西哥的女孩在小學四年級時胸部就在發育了，然而身體一開始發展第二性徵，身高就不會再長高了。

開個玩笑，如果想讓競爭對手考不好，不妨試試送對方雞排或鹹酥雞、薯條，對方的成績很可能會因爲頭昏腦鈍而失分喲！

澱粉類與糖類

盡量避免吃澱粉。身體會把澱粉轉換成醣，儲存在肝臟中，此時肝臟就會釋放賀爾蒙，讓人昏昏欲睡。有些人覺得沒吃到米飯就等於沒吃飯，考試前一定要吃的話，吃兩口就好，以7-11的飯糰爲例，大概一個就好。澱粉會轉換成醣，醣不只是會讓人想睡覺，人體的新陳代謝還會把多餘的醣存起來變成脂肪。

考試前也盡量不要喝果汁，果汁含糖量太高，考前喝果汁，頭腦會不靈光，原本可以想出答案的問題都答不出來，因爲腦袋的轉速太慢了。腦細胞雖然是以糖轉化的醣分作爲它的營養來源，攝取過多時，大腦就會作出「儲存」的判斷，讓身體專注於儲存醣分，此時大腦的運作會趨緩，人就會變得想睡覺。但如果血液中的醣分太少，就像是車子缺油，發動不了，大腦也無法有效運作，必須適量。

甜食、澱粉類，只能在運動完的時候吃。那時候你剛用完你的能量，再補充這些東西時，它不會累積起來，在新陳代謝的運轉中會直接被用掉，不會促使肝臟發類荷爾蒙，也就不會讓你想睡覺。

糖果不要吃。糖果的成分只有糖、添加物、色素，對身體沒有任何益處。巧克力盡量只吃含糖量低或無糖的黑巧克力。

紅肉、太廉價的食物

如果經濟能力許可，最好吃有機的食材，尤其是有機的雞肉，或是土雞，但是雞皮與脂肪不要吃。牛和豬則盡量避免，一方面是太肥，二方面在飼養過程中，豬與牛會被注射很多類荷爾蒙，這些荷爾蒙會影響小孩的發育，打亂孩子身體的成長程序，該發育的被抑制，不該在此時發育的卻提早成熟，對健康是一種傷害。

蔬果的部分，如果經濟上沒辦法負擔有機蔬果，必須購買一般蔬果，最好先泡過水，因爲難免有農藥殘留。幼童的身體很難分解農藥，肝和腎功能不像成人那麼強，這些農藥就會儲存在身體裡的脂肪中，無法排出。這種現象就類似中毒，對健康很不利，對大腦的發育也很不好。可以的話盡量在家裡自己煮，因爲你不能控制外面餐廳怎麼選擇、清洗食材。

如果對於只用清水沖洗感到不放心，也可以在水中加入蘇打粉浸泡，大概三十秒至一分鐘即可，蘇打粉會分解掉一些不好的東西。食用級的蘇打粉可去污、中和酸性物質，可以加強清潔效果。

如果非得吃外食，台灣的傳統便當，往往太鹹、太油，裡頭的米飯大概也只能吃一半。

刺激性食物

大腦的訊息傳遞靠的是電，在神經元與神經元之間，有一段小空隙，是藉由神經傳導物質（Neurotransmitter）從中連結、輸送。神經傳導物質不能太多太活躍，就像電腦，如果輸入的電流過高，電腦就會燒掉，因此刺激性的食物像咖啡、茶，就不能攝取太多，過多的咖啡因不但會造成手抖心悸，大腦其實也無法專心，反而會覺得腦子轉速很快但雜音過多。咖啡最多就是早上喝一小杯，再多就不好了。

代糖、味精

代糖是一種會讓大腦錯亂的物質，它像糖，但是大腦卻又不能使用它，無法正確判斷該怎麼處理身體中的這種成分，結果會導致更複雜的問題。以我自己爲例，攝取代糖會讓我頭痛、頭暈，很不舒服。

味精（谷氨酸鈉，monosodium glutamate）和大腦在學習與記憶時所需的谷氨酸在結構上很相似，這種似是而非的成分會混淆大腦的判斷，干擾大腦的正常運作。爲了創造記憶和思考，大腦需要在適當的時機釋放適當數量的谷氨酸，與此作用相應的腦細胞，會與被釋放的谷氨酸結合。如果谷氨酸在錯誤的時間與腦細胞結合，就可能會造成信號發送錯誤。如果腦細胞被味精充斥，就難以判斷何者為必要的谷氨酸，何者為無用的味精，必須很費力的釐清信號和噪音的差異，進而使大腦反應變得遲緩。

除了食物之外，父母有些不好的生活習慣也要改掉，尤其必須戒掉菸和酒。懷孕的婦女如果吸到二手菸，胎兒的腦會長不大；因為酒精也會傷害腦，所以孕婦一滴酒都不能喝。現在的空氣污染太嚴重，尤其是汽機車排放的、燃燒不完全的廢氣，對於孕婦、胎兒、兒童的腦都會造成損傷，影響腦部發育。盡可能不要騎機車，尤其不要騎機車載小孩，不但車水馬龍很危險，空氣中的污染物也很傷身。

希望本書提供的建議和方法，對於有心栽培孩子的家長會很受用，孩子也能透過父母的引導，在學習動機和成效上有所收穫。

國家圖書館出版品預行編目資料

學習就是要有計畫！美國SAT榜首的考試、記憶、動機訓練法
／吳宗翰 著. -- 初版. -- 臺北市：如何，2014.10
200 面；14.8×20.8公分. --（Happy family；50）
ISBN 978-986-136-404-9（平裝）
1.親職教育 2.健腦法 3.學習方法

528.2 103016570

The Eurasian Publishing Group
圓神出版事業機構
用心與你對話．視野無限寬廣
如何出版社
Solutions Publishing

http://www.booklife.com.tw reader@mail.eurasian.com.tw

Happy Family 050

學習就是要有計畫！——美國SAT榜首的考試、記憶、動機訓練法

作　　者／吳宗翰
發 行 人／簡志忠
出 版 者／如何出版社有限公司
地　　址／台北市南京東路四段50號6樓之1
電　　話／（02）2579-6600．2579-8800．2570-3939
傳　　真／（02）2579-0338．2577-3220．2570-3636
郵撥帳號／19423086　如何出版社有限公司
總 編 輯／陳秋月
主　　編／林欣儀
責任編輯／尉遲佩文
美術編輯／王琪
行銷企畫／吳幸芳．荊晟庭
專案企劃／賴真真
印務統籌／劉鳳剛．高榮祥
監　　印／高榮祥
校　　對／張雅慧．尉遲佩文
排　　版／陳采淇
經 銷 商／叩應股份有限公司
法律顧問／圓神出版事業機構法律顧問　蕭雄淋律師
印　　刷／祥峰印刷廠
2014年10月　初版

定價 300 元　ISBN 978-986-136-404-9